VOYAGES

D'UN FANTAISISTE

— VIENNE — LE DANUBE — CONSTANTINOPLE —

F. AUREAU ET Cⁱᵉ. — IMP. DE LAGNY.

VOYAGES

D'UN

FANTAISISTE

— VIENNE — LE DANUBE — CONSTANTINOPLE —

PAR

ALBERT MILLAUD

PARIS

MICHEL LÉVY FRÈRES, ÉDITEURS

RUE AUBER, 3, PLACE DE L'OPÉRA

LIBRAIRIE NOUVELLE

BOULEVARD DES ITALIENS 15, AU COIN DE LA RUE DE GRAMMONT

1873

VOYAGES

D'UN FANTAISISTE

VIENNE — LE DANUBE — CONSTANTINOPLE

I

Gare de Lyon, 14 août.

Vous me croirez si vous voulez, j'avais la nostalgie des matières premières. Je soupirais après Versailles. Je regrettais la prorogation et je pestais contre les vacances que je convoitais ardemment.

Le 4 août, quand je fus libre, je me reposai avec délices sur un moelleux divan, tranquille désormais, convaincu que pendant trois mois je n'entendrais plus le mâle organe de M. Arago, le fausset suraigu de M. Thiers, la voix tonnitruante de M. Gambetta, l'aigre musique de M. d'Audiffret-Pasquier et la bouillie oratoire de l'artilleur Naquet; le lendemain cependant, poussé par cette seconde nature qu'on appelle l'habitude, je me transportai — péniblement — à la gare de l'Ouest et je réclamai mon billet pour l'express de Versailles. Grand fut mon étonnement quand on me répondit qu'il n'y avait plus d'express et qu'il n'y avait plus d'assemblée.

Je rentrai tristement et je considérai avec effroi les treize semaines de repos que m'infligeait la Chambre. Un ami prit pitié de moi, m'obligea à faire ma malle et m'entraîna vers la gare de Lyon, d'où je vous écris cette lettre d'adieu.

— Où allons-nous? lui demandai-je.

— A Constantinople, me répondit-il. Chez les Turcs, où nous goûterons le repos dû à tes travaux incessants.

— Nous reposer chez les Turcs, y pensez-vous? répondis-je. Quand M. Vogué lui-même, notre ambassadeur, le représentant de la France, n'y a pas trouvé une chaise pour s'asseoir!

Que vous dirai-je? Mon ami fit miroiter devant mes yeux le Tyrol aux chapeaux pointus, le Danube aux flots bleus, sur lequel il y a une valse de Strauss;

Vienne et ses séductions,

Pesth et Guyot-Montpayroux,

Bucharest et Ganesco,

Stamboul, le Bosphore, les odalisques, la mandore,

La Méditerranée, Smyrne, les Dardanelles, Athènes, Malte, etc.

Je n'ai pas su résister.

Mais pouvais-je partir sans prendre congé, au moins par une lettre, de vous, mon cher directeur?

Mon ami a consenti à déjeuner pour deux et m'a permis de remplacer le bifteack par une première correspondance vive et animée.

C'est avec toutes ces explications que je rem-

plis cette lettre. Elle est en quelque sorte l'avant-
propos, le prélude, la préface des causeries que
je me propose de vous envoyer, sur tout ce que
je verrai dans ma route.

Hélas ! cher monsieur de Pène, je ne suis pas
un Stanley dont tout l'univers s'occupe, ni un
Livingstone sur lequel tout le monde a les yeux.
J'essayerai de vous amuser en courant, et de
vous répéter de mon mieux des choses que d'autres ont dites avant moi.

Peut-être saurai-je au juste la véritable histoire
de l'entrevue du sultan avec M. de Vogué. Je
vous le manderai tout aussitôt. Si, par hasard, il
prenait fantaisie à l'Assemblée de se réunir avant
la date fatale du 11 novembre, faites-le-moi savoir
par une dépêche, je m'empresserai d'accourir au
premier mot.

Car je vous l'ai dit au commencement de cette
lettre, j'ai la nostalgie des matières premières.
Je voudrais revoir M. Jules Simon à son banc,
M. Lefranc dans sa cravate blanche, et M. Thiers
entre son verre d'eau sucrée et son mazagran qui
ne l'est pas.

A l'heure que je vous écris, il fait beau. La gare regorge de monde. Beaucoup de gens s'en vont à la campagne, sous prétexte, disent-ils, d'éviter les cohues du 15 août, comme si nous étions encore à l'époque des feux d'artifice de l'empire.

Les voyageurs sont si nombreux qu'un employé de la compagnie fait tous ses efforts pour nous mettre neuf dans un compartiment de huit personnes. Grâce au règlement on se décide à ajouter une voiture. Je traverserai le mont Cenis demain dans la journée. On m'avertit qu'il y a des éboulements quotidiens et que le tunnel est obstrué à son entrée et à sa sortie. Je m'en désole pour moi, mais je m'en réjouis pour vous. Cela me donnera l'occasion de vous écrire une longue lettre sur le théâtre même de l'accident.

En somme toute cette lettre n'est que du bavardage. Je ne l'ai écrite que pour vous infliger ce coup cruel, à savoir le départ de votre très-dévoué rédacteur.

I I

Turin. — Le Mont-Cenis. — Le phénomène des montres.
— Contre le gaz. — Fra-Diavolo, restaurateur. — Le
lac de Garde. — Riva. — Abris de la fresque. — L'École
de Raphaël.

Turin, 18 août.

Nous avons traversé le mont Cenis sans accident, ce qui n'est pas donné à tout le monde. Il
n'est plus permis aujourd'hui à un voyageur de
parler du mont Cenis et d'avoir l'air de *découvrir*
les merveilleux panoramas qui se déroulent autour de lui. Je le regrette, pour ma part, car j'aurais pu vous écrire là-dessus trois jolies pages
de descriptions. Je me bornerai à vous signaler
un phénomène quotidien qui se présente chaque

fois que l'on traverse le fameux tunnel. Ce phénomène portera dans l'histoire le nom de *Phénomène des montres*.

En effet, à la même heure, dans les quinze ou vingt compartiments dont se compose un train ordinaire, deux cents voyageurs tirent à la fois leur montre, à l'entrée du tunnel, et constatent le nombre de minutes qu'il a fallu pour franchir le souterrain. Ceux qui n'ont pas de montre consultent celle de leurs voisins. Le plus singulier, c'est que pas un voyageur, à la sortie, n'est d'accord sur le nombre de minutes. Les uns accusent une demi-heure, les autres vingt-cinq minutes, ceux-ci trente-cinq. Dans un compartiment de huit personnes, il y a parfois huit avis différents. Nous avons, pour notre part, assisté à une controverse sur ce sujet délicat, qui a failli brouiller un fils avec un père et faire manquer un mariage au trois quarts consommé. Tout s'est arrangé, au moment où nous arrivions à Turin.

Il y faisait une chaleur épouvantable, qui explique pourquoi les villes italiennes sont pavées avec des dalles, et pourquoi l'on y a banni l'as-

phalte. La moyenne des chaleurs turinoises s'é-
lève à quarante-cinq degrés centigrades. Les propriétaires d'hôtel ont trouvé dans cet excès d'atmosphère un moyen de spéculation que nous
osons à peine signaler, tant il est propre à éveiller les cupidités d'imitateurs empressés. Ils font
dîner les voyageurs à des tables vissées au parquet et surmontées de plusieurs becs de gaz rivés
au plafond. Au bout de cinq minutes la position
n'est plus tenable, et le frileux le plus convaincu
renonce à manger pour éponger sur son front une
sueur qui menace de le submerger.

Ce que voyant, des garçons empressés et élevés à cette méthode, se hâtent d'enlever de votre
table les mets que vous ne pouvez plus toucher,
et les portent à un autre voyageur dont le courage n'a pas encore faibli. On m'a cité une truite
en carton qui a été servie une vingtaine de fois,
sans jamais avoir été effleurée par la fourchette
des touristes domptés par la chaleur.

Ce bec de gaz de Damoclès fait au mangeur
l'effet qu'une pointe d'aiguille ferait à l'homme
fatigué qui se laisserait tomber sur une chaise où

elle serait plantée. Voilà comment j'ai dîné depuis deux jours. Le déjeuner seul m'a un peu soutenu, malgré les ardeurs d'un soleil de plomb.

Les principaux actionnaires des hôtels de Turin se recrutent parmi les puces. Ces intéressants insectes achèvent ce que le bec de gaz a commencé. Elles piquent le voyageur et le livrent à des démangeaisons qui troublent son appétit et l'empêchent même de défaire son lit et de froisser les draps, en l'obligeant à se tenir debout pendant la nuit. Le voyageur qui ouvre la chasse à huis clos, à lui seul et malgré lui, use une quantité immodérée de bougies. C'est la seule denrée que les maîtres d'hôtel permettent aux clients qui les honorent de leur confiance. A un franc pièce, les bougies ne tardent pas à constituer un très-notable revenu, et l'on s'étonne que l'Italie ait été choisie par Scribe pour être la patrie de Fra-Diavolo !

Ce n'est qu'une question de costume. Le Fra-Diavolo classique porte une veste de velours, un chapeau à plumes, avec des rubans, des pistolets au poing et un poignard à la ceinture ; le Fra-

Diavolo moderne n'a qu'une serviette sous le bras. C'est moins pittoresque, mais c'est plus dangereux. Le pistolet ratait quelquefois, la serviette ne manque jamais son coup.

Chassés par la chaleur, mourant de faim, nous nous décidons à partir pour le Tyrol. Un besoin réel de fraîcheur immédiate nous inspire la bienheureuse idée de traverser le lac de Garde et nous n'avons qu'à nous en féliciter.

Le lac de Garde est absolument admirable. Il est aussi étendu et plus pittoresque que le lac de Genève. Ses eaux bleues et son horizon de montagnes sauvages et escarpées lui donnent une apparence plus grandiose et moins léchée qu'aucun lac de la Suisse.

Ces derniers sont en quelque sorte des lacs d'opéra-comique. Un de ces jours M. Boulet les transportera sur la scène de la Gaîté, avec des paroles de l'ami Koning et de la musique d'Olivier Métra. Toutes les montagnes helvétiques ont un aspect de cartonnages, habilement découpés et admirablement peints. Il semble qu'un Anglais ait passé par là et ait dit: « Aôh ! ce paysage serait admirable avec une forêt. » Aussitôt le machiniste pose la forêt. — « Aôh ! il faudrait ici un glacier. » Crac, un coup de baguette, et le glacier demandé sort de dessous terre. On trouve en Suisse des hôtels sur les aspérités les plus reculées. Si on se recueille un instant au milieu d'un plateau inaccessible, si l'on prête l'oreille pour entendre le vol des grands aigles ou la plainte du vent dans les sapins, on est désagréablement surpris, au milieu de l'extase, par un garçon en habit noir qui passe aussi vite que l'aigle, et qui crie : « Boum ! une Beaune première. — Servez au 22 ! »

Le lac de Garde a des côtés de sauvagerie imposante, des golfes néo-calédoniens des îles dignes de Robinson, des horizons semés de crêtes neigeuses et de cascades vertigineuses. Toutes ces côtes sont égayées par de jolis petits villages où l'on cultive des oranges et des citrons. Rien n'est plus étrange que ce genre de culture. Il semble à première vue que l'on a devant les yeux une série de temples grecs superposés. Ce sont des serres à claire-voie sans toit et sans vitrage, qui renferment des quantités innombrables de citronniers et d'orangers. L'hiver on couvre ces serres, on les entoure de cloisons vitrées, et l'on protége ainsi les arbres contre les fréquentes tempêtes du lac de Garde, le Benacus de Virgile.

Voilà une belle occasion pour moi de faire de l'érudition, et de citer quelques vers latins. Je ne le ferai point, et me trouve d'autant plus méritoire que je n'ai qu'à copier dans mon guide.

Riva, 9 août.

Les douaniers autrichiens sont d'aimables compagnons.

Ils vous défont vos malles de fond en comble, déplient les habits, fouillent dans les poches et, quand ils ont fini, jettent tout dans la rue. C'est à vous de refaire votre malle et à vous en tirer comme vous pourrez.

Jamais je n'ai vu plus de fresques que dans les hôtels de Riva. Riva a cinq mille habitants, qui sont tous des Raphaëls, et qui ont tous plus ou moins sacrifié au Dieu de la peinture. A l'hôtel où nous sommes, il n'y a pas moyen de faire un pas sans se croire dans un musée. Il y a des tableaux partout. La peinture a laissé ses traces un peu sur tous les murs. Je couche dans une chambre qui représente une oasis dans le désert; mon lit est situé dans une touffe de nénuphars, mes rideaux sont fermés par deux palmiers en carton, et ma table de nuit est une barque indienne à laquelle il ne manque qu'un mât.

Je veux fermer les rideaux de la fenêtre; impossible, ils sont en bois peint comme les manteaux d'Arlequin de nos théâtres. Je veux clore mes volets. Ils n'existent pas; ce sont des volets postiches peints sur le mur, en beau vert, avec des loquets parfaitement imités. Le peintre les a entourés d'une auréole d'ombre qui leur donne de la perspective et fait croire qu'ils tremblent au vent.

J'ai dîné dans la grotte de Didon. J'étais accoudé contre un quartier de roc, mes pieds frôlaient un parquet peint en tapis de mousse et j'avais sur ma tête un plafond brossé en chèvrefeuille. Le peintre y avait même ajouté des araignées filant leur toile. Du moins, je l'ai cru, et ce n'est qu'en voyant l'araignée se laisser glisser le long de son fil jusqu'à la salade, que j'ai compris que je me fourvoyais.

Je n'en ai pas moins admiré le talent du peintre, qui en peignant de la verdure et des fleurs, a pu même tromper des araignées.

On croit pénétrer dans un bosquet mystérieux, c'est la loge du concierge. Ce système a son originalité, mais il a aussi ses inconvénients. C'est ainsi que les tapis sont remplacés par une peinture vive et moelleuse : on n'en marche pas moins sur du bois, et les armoires se réduisent à un grand coffre où les tiroirs sont indiqués par des boutons admirablement imités, mais qu'il ne faut pas essayer d'ouvrir.

J'ai pu craindre un instant que les biftecks ne fussent également des simili-biftecks, des *nature-morte*, comme on dit en peinture. Hélas ! plût à Dieu qu'ils l'eussent été !

III

Insprück, 22 août.

En attendant la voiture qui devait nous conduire à Mori, l'une des stations de la ligne du Tyrol, je me suis amusé à feuilleter le livre des
voyageurs descendus à Riva depuis deux mois,
c'est-à-dire depuis la saison. Comme je l'avais
pensé, je n'ai trouvé aucun nom français. Beaucoup d'Allemands, un bon nombre d'Anglais,

quelques Italiens, très-peu d'Italiens, — les Italiens ne voyagent pas, — et point du tout de Français. Aussi suis-je convaincu qu'il est de mon devoir de voyageur et de patriote d'apprendre à mes concitoyens qu'il serait impardonnable à eux d'entrer dans le Tyrol et d'en sortir sans avoir, au préalable, consacré une journée à Riva, et une demie-journée au lac de Garde.

J'aurais, à ce sujet, une belle occasion de vous escamoter une colonne en vous plaquant une dizaine de pages sur Riva, copiées un peu partout et au besoin faites avec des lambeaux de descriptions empruntées à tous les guides. Mais je suis consciencieux, et de ceux qui pensent que le devoir d'un écrivain en voyage est de conter des aventures, d'observer des mœurs, de traiter à sa façon les choses qu'il voit et de ne point donner dans le lieu commun. On n'y réussit pas toujours, mais c'est déjà bien joli de l'avoir entrepris.

Rien ne ressemble à une vallée comme une autre vallée, à une montagne comme une autre montagne, à un torrent comme un autre torrent.

Je trouve même, et je vais vous paraître le plus abominable des plus abominables hérésiarques, iconoclastes et contempteurs de la nature qui soient sous le ciel, mais j'avoue qu'en voyage le spectacle des convulsions terrestre me paraît parfois fastidieux.

Se lever à trois heures du matin, marcher jusqu'à midi, grimper sur des rochers, s'accrocher à des lierres qui ne tiennent pas, fatiguer des mulets, éreinter des guides, braver les plus mauvais temps, pour arriver, après des fatigues sans nombre, sur un bout de rocher, y contempler d'autres rochers pendant dix minutes, et revenir affamé dans une auberge où l'on vous sert un morceau de chamois en caoutchouc, tout cela me paraît être un vieux préjugé qu'il faut déraciner du cœur humain.

Combien y a-t-il de voyageurs convaincus qui tentent les escalades? Deux ou trois par an. Les autres sont des Anglais que le spleen entraîne hors de leur brouillards et qui voyagent, comme le dit Alphonse Karr, non pour voyager, mais pour avoir voyagé. Ils ne visitent les pics, ne hantent les sommets et ne fréquentent les aires d'aigles que pour avoir le droit d'acheter un grand bâton sur lequel il font graver les noms les plus rébarbatifs de la géographie.

Observez le bâton : il est tout neuf, le bois n'a pas une égratignure ; le crochet qui le termine et qui sert au touriste à se cramponner aux escarpements n'est pas épointé. Le manche reluit comme si on venait de le vernir ; mais les inscriptions s'étalent orgueilleusement autour de la canne, comme les devises autour d'un mirliton. Ce bâton n'a jamais servi, les voyageurs ont fait semblant d'avoir fait les excursions qu'il mentionne et ont oublié, tout au moins, de le salir, de l'écorcher, de l'épointer, de l'user, en un mot, pour prouver qu'ils s'en étaient servis.

Je comprends la franchise de l'ami qui voyage avec moi et qui s'appelle Henri... Je le dénomme tout de suite pour n'avoir pas, quand je parlerai de lui, à le désigner constamment sous ce sobriquet : l'ami.

Or, mon ami Henri a également acheté un bâton. Il a également fait inscrire sur le bois les

noms les plus inaccessibles de la Suisse et du
Tyrol ; mais, comme il avait la honte de ces men-
songes exotiques, il a ordonné au graveur stupé-
fait de glisser entre la cascade de Geissbach et la
vallée de Chamounix, cette autre excursion
moins périlleuse, mais plus fréquentée : *Bou-
gival.*

Je ne vous dirai pas que les montagnes sont
des difformités dans la nature, qu'elles nuisent à
l'harmonie des plaines et qu'elles sont rarement
favorables à la végétation. Vous me taxeriez
d'exagération.

Je me contenterai de confesser qu'après deux
jours de montagnes successives, on se sent tout
joyeux d'arriver dans une ville où il y a de véritables lits et du mouton nature. Le mouton nature
vaut parfois la nature du mouton.

Je ne pousserai pas plus loin ces théories, qui
vont vous paraître un peu paradoxales. Je menti-
rais, au reste, car je suis encore plein des impressions que m'a laissées un rapide voyage
dans ce Tyrol que je viens de traverser.

Le Tyrol italien est plus luxuriant, plus vert,

et moins accidenté que le Tyrol autrichien. De Riva jusqu'à Trente, la route qui se fait moitié en voiture, moitié en chemin de fer, parcourt une large vallée, entourée de hautes montagnes boisées et semée de quelques petits lacs dont l'eau bleue plaît à l'œil et les truites au goût. Je ne connais rien de bon comme une truite toute fraîche, mais les truites sont comme les montagnes : elles deviennent parfois un abus.

A Trente, l'ennui vous prend à la gorge, une fois hors du wagon. Une ville sans boutiques, faiblement éclairée de quelques becs de gaz et perdue dans les montagnes. On comprend qu'elle ait été choisie pour servir de rendez-vous au concile qui l'a rendue célèbre. La ville est en quelque sorte monacale, quoique égayée par les mille fantaisies du génie italien qui l'a bâtie.

Toutes les maisons sont des palais. Les murs sont peints à fresques, et les peintres tyroliens se sont livrés à des écarts d'imagination extrêmement joyeux. Dans la cour intérieure de l'hôtel, à la nuit tombante, nous apercevons une femme, jeune et jolie, qui, cachée à demie par le rideau de sa croisée, nous sourit agréablement. Nous rendons le sourire et nous voulons nous approcher. La dame continue à ne pas s'émouvoir. Naturellement. Elle est tout simplement peinte sur le mur. C'est un trompe-l'œil, une mystification, dans le genre de ceux que je vous ai cités dernièrement.

Ce soir, il y avait théâtre à Trente. On jouait *il Conte di Monte-Christo*, par *Alessandro Dumas, il padre*. L'impressario, connaissant le fanatisme des spectateurs italiens, et voulant s'assurer d'un nombre de représentations déterminé, avait choisi ce drame classique, qui, comme on le sait, se décompose en quatre drames et se joue en quatre soirées.

Nous étions arrivés pour la deuxième soirée et nous n'avons pas manqué de nous rendre à la représentation annoncée. Elle avait lieu dans un hangar à ciel ouvert, composé de bancs de bois et d'une scène faite avec quatre planches. L'orchestre se résumait en deux pistons, une grosse caisse, une flûte et un trombone. Le seul instrument qu'on entendait bien c'était la grosse caisse.

Jamais drame funèbre ne fut accompagné par de la musique plus gaie, des polkas et des galops plus propres à faire danser des paralytiques. Chaque fois que Dantès entrait en scène, l'orchestre soulignait son entrée par une phrase près de laquelle *Bu qui s'avance* n'est qu'un chant d'église. Caderousse a assassiné le joaillier Joannès sur un motif à deux temps que la salle accompagnait avec les pieds et en riant aux éclats. Je n'ai jamais vu prendre plus gaiement un meurtre accompagné de circonstances aggravantes.

Le lendemain matin, nous prenions le train du Brenner, afin de traverser le Tyrol en plein jour. C'est vraiment ainsi qu'il faut visiter cet admirable pays. Le Tyrol mérite, pour les touristes convaincus, plus d'un mois de station; les moindres excursions réclament deux et trois jours.

Aux voyageurs pressés et plus sceptiques, nous conseillerons de consacrer toute une journée à parcourir le Tyrol en chemin de fer. Je ne comprends même pas que l'on puisse, si l'on n'est pas pressé, se rendre de Paris à Vienne sans prolonger d'un jour son voyage, afin d'avoir une idée suffisante de ce merveilleux pèlerinage de la vallée d'Eisack.

Selon ma promesse, je ne décrirai pas. J'indique, voilà tout, j'indique, mais j'insiste.

Le train qui depuis Botzen commence à monter vers le Brenner, marche assez lentement pour permettre au voyageur de ne rien perdre du pays qu'il parcourt. Vers le milieu du voyage on arrive à Franzenfeste, c'est le point de séparation entre le Tyrol italien et le Tyrol allemand. Le paysage change d'aspect, sans transition.

Les montagnes deviennent plus hautes et plus escarpées, les bois moins touffus, les prairies moins riches en végétations, la vallée se rétrécit, et de loin on voit s'élever les cimes neigeuses des Alpes et les glaciers du Brenner.

A Fransenfeste, la vallée se divise en deux, l'une de ces parties mène à Inspruck, l'autre à Villach, en Carinthie. Elles sont toutes deux commandées par une immense forteresse qui menace la grande route d'Italie et qui forme, avec les montagnes environnantes, un des plus formidables remparts qu'il soit permis de rêver. Si M. Trochu était enfermé là-dedans, il aurait beau faire, je suis sûr qu'il ne pourrait pas capituler.

On arrive à Inspruck vers la nuit. Inspruck est une jolie ville, je ne vous en dirai pas autre chose. Elle est curieuse par l'amalgame qu'on y observe des mœurs italiennes et des mœurs allemandes. Inspruck a la régularité et la propreté des maisons allemandes ; elle a les arcades, les fresques, l'amour du peinturlage qu'on remarque en Italie.

Cependant, c'est une ville tout allemande. On y trouve ces curieuses brasseries qu'on ne connaît pas en France, et qui se composent d'une immense salle, éclairée au gaz, avec des becs sans ornements, entourée de quatre murs blanchis à la chaux, et remplie de larges tables de bois peint, où se réunissent des buveurs de bière et des fumeurs de pipe.

On ne connaît pas dans ces brasseries la table isolée, où l'on se confine à deux ou à trois. Ce sont des tables de tables d'hôte, où l'on s'asseoit l'un à côté de l'autre, à la file. Des filles aux joues rouges, aux cheveux hérissés, servent les consommateurs et rient volontiers avec eux. Ce sont les Gretchen du Tyrol. Elles allument le cigare des officiers et le leur rendent tout flambant. Au fond, sept ou huit gaillards jamais époumonnés, assis autour d'une table couverte de musique, soufflent comme des forcenés dans tous les instruments de cuivre qu'ait pu inventer M. Sax. Ils ne se reposent jamais, vont en mesure sans regarder le chef d'orchestre, qui joue lui-même d'un instrument quelconque, font rarement de fausses notes et portent des lunettes.

Je ne vous ai point parlé des Tyroliens. C'est vraiment un beau peuple. Au point de vue de la taille et des muscles, on peut dire que ce sont des gaillards. Sous le rapport de l'intelligence, ils ne payent pas de mine, ils sont évidemment en retard sur la civilisation ; le chemin de fer va les policer tout à fait.

C'est à Botzen que nous avons vu pour la première fois le véritable Tyrolien ; j'entends le véritable campagnard tyrolien, c'est-à-dire le chasseur, l'homme à la veste verte bordée de rouge, aux bretelles rouges, au chapeau pointu orné d'une plume ou d'une fleur, aux guêtres boueuses, et portant un fusil en bandoulière.

Ce n'est point le Tyrolien coquet des opéras-comiques. Rien ne rappelle en lui madame Peschard dans la *Timbale d'argent*. Pareillement, il y a peu de filles qui nous aient remis en mémoire la figure et le costume de madame Judic. Certes, le costume tyrolien est pittoresque, mais de près quelle désillusion ! Le chapeau est en feutre hérissé, les bretelles sont des ficelles, les pantalons et les vestes sont en étoffe grossière. Tout cela est fait pour courir dans la montagne, braver les pluies, affronter les accrocs et défier les injures du temps. C'est pittoresque, mais c'est sale.

Les costumes tyroliens de Paris ne sont pas plus exacts que le costume de bandits romains, sous lequel Fra-Diavolo paraît si séduisant. Nos poëtes ont idéalisé la vérité. Dieu me garde de les en blâmer, mais je ne puis m'empêcher d'affirmer qu'on a abusé nos concitoyens avec des rubans et des fleurs qui n'ont jamais existé.

N'allons pas trop loin, cependant. Le Tyrolien

adore les fleurs et les plumes. Il est chasseur et galant. Je n'ai pas vu un seul Tyrolien, même des villes, qui n'ait à son chapeau une fleur ou une plume.

Ce ne sont pas des trophées. On pourrait croire que la fleur a été cueillie sur une cime inaccessible et que la plume a été arrachée à l'aile d'un aigle. Non, la plume vient de chez le chapelier, la fleur artificielle vient de chez une fleuriste du bon coin.

La plume et la fleur sont donc de mode absolue dans le Tyrol, et les étrangers eux-mêmes sont portés à y sacrifier.

Déjà, en quittant Riva, nous avions observé ce fatal entraînement. L'un de nos compagnons de route était descendu de voiture à la montée et avait cueilli une branche d'olivier pour en orner son chapeau.

— Regarde, dis-je à Henri (voir plus haut), combien ce grave monsieur en lunettes, avec ses cheveux grisonnants et environné de pampres, est ridicule !

Et nous nous mîmes à rire.

Dans le wagon depuis Trente, il nous fut donné de voir monter et descendre des voyageurs aux stations. Tous avaient à leur chapeau qui une plume, qui une fleur, qui quelques feuilles arrachées à un arbre, qui une sorte de petit pinceau fait avec les crins d'un animal inconnu.

— Cela tourne à la monomanie, disions-nous. Parce qu'on voyage dans un pays, on croit devoir en épouser les excentricités. Que le diable nous emporte si cela nous arrive jamais !

En arrivant à Inspruck, comme il y avait une plus grande quantité de monde, nous vîmes une plus grande quantité de plumes.

Un jeune Anglais spécialement, vêtu d'un élégant costume de chasseur, arborait fièrement à sa casquette une superbe plume d'autruche, bariolée de couleurs.

Je ne pus m'empêcher d'admirer cette fantaisie. Henri réprima un vif mouvement de jalousie.

— Encore un idiot ! s'écria-t-il. (J'en demande bien pardon au chasseur anglais.)

Le matin, levés de bonne heure, on nous vit

parcourir la ville. Malgré nous, nous nous arrêtions devant les chapeliers qui exhibaient en montre des cartons pleins de plumes les plus diverses et les plus voyantes.

— Voilà une jolie plume, dit Henri. Elle a du chic.

— Jamais je ne porterai de plume, lui répondis-je, mais s'il le fallait absolument, je choisirais celle-ci.

— Il faudrait être fou pour mettre son argent à de pareilles bêtises !

— Certainement ! certainement ! Qu'est-ce que ça peut bien coûter, une machine comme ça ?

— Je n'en sais rien, quelques kreutzers tout au plus.

— Demandons-le au marchand. Je voudrais bien savoir le prix qu'il a l'audace de demander pour ces trois brins de plume.

— Demandons-le, *pour voir*; je veux bien.

Et nous entrâmes. Le chapelier fut d'une rare complaisance. Il défit toute sa boutique pour nous montrer ses plus belles plumes. Il y en avait

de tous les oiseaux et de toutes les couleurs, des
plumes d'aigle, de vautour, de colibri, d'oiseaux
des îles : des plumes mêlées, des plumes taillées,
des plumes coloriées, des plumes dorées.

— Nous avons dérangé ce malheureux, me dit
mon compagnon, nous ne pouvons pas décem-
ment nous en aller sans lui acheter quelque
chose.

— Tu as raison, va pour une plume. Combien?
demandai-je au chapelier en lui montrant une
modeste plume d'aigle.

— Quarante kreutzers.

— Ce n'est pas cher. A ce prix-là nous pouvons
en prendre deux.

Le choix fut long. A la fin, nous nous déci-
dâmes et nous sortîmes, chacun une plume à la
main.

— Je la donnerai à mon neveu, dit Henri, qui
pense toujours à sa famille.

— Moi, je ferai tailler la mienne et je m'en
servirai pour écrire à M. de Pène.

(Vous voyez, cher maître, que je pense toujours
à vous.)

Après quelques minutes :

— Nous ne pouvons pourtant pas mettre nos plumes dans notre poche ni dans notre malle; nous allons les abîmer.

— Et puis, je n'ai plus de place dans ma malle.

— Si nous les mettions à nos chapeaux ?

— J'y pensais, mais ce serait vraiment ridicule.

— Il faut pourtant aviser à ne point les gâter, en les serrant à nos chapeaux, elles se tiendront fraîches.

— Soit, mettons-les à nos chapeaux.

Et voilà comment, cher monsieur de Pène, on peut nous voir de midi à quatre heures, dans les rues d'Inspruck, fièrement campés sous nos chapeaux, moi avec une superbe plume d'aigle, Henri avec une aigrette de vautour.

IV

Inspruck, 24 août.

En quittant Paris, Albert Wolff m'avait formellement recommandé de ne pas manquer d'aller
voir le lac d'Achensée. Le chapitre qu'il a consacré dans son livre : *le Tyrol et la Carinthie*, à cette
merveilleuse excursion, achevait de me con-

vaincre, et, après une journée de repos à Inspruck, je m'informai des voies et des moyens à prendre pour me rendre à Achensée.

Le lac d'Achensée est situé au sommet d'une montagne. Pour y arriver, il faut monter pendant deux heures à travers l'Achentall, une longue vallée boisée et escarpée, fort pittoresque, et surtout admirablement sauvage. Dans un mois on y chassera le chamois et l'aigle. C'est au faîte de cette vallée grimpante, à 4,000 pieds au-dessus de la plaine, que la voiture, en tournant brusquement, s'engage dans le chemin sinueux qui serpente autour du lac et en accompagne les capricieux contours. Nous avions laissé la chaleur dans la plaine, et nous trouvons sur la montagne une fraîcheur presque glaciale. Je vous ai promis d'abréger les descriptions, donc j'abrége. Je me contente, pour plus amples et meilleurs détails, de vous renvoyer au chapitre que Wolff consacre à la description de cette huitième merveille du monde : le lac d'Achensée.

— Allez voir le lac, me dit Wolff. Promenez-vous sur le lac. Déjeunez à Pertisau. Retournez coucher dans la plaine, et le lendemain allez-vous-en à Fugen entendre chanter des Tyroliennes à l'auberge du père Léo Rainer.

« Entendre chanter des Tyroliennes ! » Il semble que cela soit un rêve. Hervé, et après lui Offenbach, ont abreuvé Paris d'un océan de Tyroliennes ; mais les Tyroliennes du Tyrol doivent avoir une autre saveur, une autre couleur que les Tyroliennes du boulevard Montmartre, et les gosiers tyroliens doivent posséder un art particulier pour pousser le *la-ï-tou* populaire.

Telles étaient nos réflexions, et nous nous dépêchions d'en finir avec Achensée, qui n'était que la nature, pour nous rendre à Fugen, qui représentait l'art, quand notre cocher nous offrit de nous mener déjeuner à l'hôtel Rainer, sur le lac.

Ce nom : Rainer, frappa nos oreilles. C'était celui du chanteur tyrolien indiqué par Albert Wolff. Un espoir germe dans nos cœurs. Peut-être serait-il inutile d'aller jusqu'à Fugen ! Et j'avoue que la perspective d'entendre chanter la tyrolienne sur la montagne, en face du lac, au milieu des plus admirables convulsions de la nature, me souriait particulièrement.

— Allons chez Rainer, dîmes-nous au cocher.

Un quart d'heure après, nous entrâmes dans une maison isolée, au milieu d'une plage verdoyante, sise entre le lac et la montagne. Point de village, point d'autres maisons. Le lac, la montagne et l'hôtel Rainer. Descendus de voiture, nous entrâmes dans une vaste salle à manger, où nous attendait une servante, qui vint joyeusement nous serrer la main comme à de vieilles connaissances, et nous offrir, en allemand, une série de plats, auxquels nous ne comprenions rien.

C'est une grande ressource, quand on ne comprend pas, de pouvoir le dire, tout au moins. — Toute ma science et celle de mon ami se résume à dire ces quatre mots : *ich ferchten nicht*, et à ajouter *Fransosische*. — Ce qui veut dire : « Je ne comprends pas ; — Français ! » La servante nous répondit par ce mot que nous comprîmes : « Irma. »

Elle nous laissa seuls un instant et revint avec Irma, autre servante non moins rieuse et familière, qui nous traduisit en mauvais français les offres de déjeuner de sa compagne. Nous fîmes notre commande. Tout cela n'est pas bien intéressant ; mais il m'est impossible d'en retrancher une syllabe pour l'intelligence de ce qui va suivre.

Pendant qu'on nous prépare à déjeuner, nous inspectons la salle à manger. Elle est littéralement couverte de photographies. Elles représentent toutes des Tyroliens en costume, et l'une d'elles, très en vue, laisse voir un superbe chasseur tyrolien qui tient une guitare à la main. Ce chasseur s'appelle *Ludwig Rainer*. Auprès de lui, d'autres photographies nous montrent deux jeunes filles, l'une tenant une guitare, et l'autre une cithare, instrument dont il sera parlé tout à l'heure. Plus loin, dans un cadre doré, toute une famille de chanteurs tyroliens. Nous reconnaissons Ludwig Rainer, les deux jeunes filles déjà citées et quelques autres virtuoses encore inconnus.

— Serions-nous chez ce Rainer ? me dit mon ami.

Sans que j'aie le temps de lui répondre, nous voyons entrer un gros homme, vêtu en costume du matin, qui nous salue cordialement. Henri me pousse le bras.

C'est l'homme du portrait, c'est Ludwig Rainer. Par une fenêtre, d'où l'on plonge dans le jardin de l'hôtel, nous apercevons deux jeunes filles qui causent avec un voyageur. Ce sont les jeunes filles du groupe, les virtuoses de la cithare et de la guitare. Nous sommes bien chez Ludwig Rainer, le chanteur tyrolien, le concurrent de Léo, et nous n'aurons pas besoin d'aller chez ce dernier à Fugen.

Un nuage assombrit ce premier mouvement de joie. Ludwig Rainer, devenu maître d'hôtel, chante-t-il toujours ? donne-t-il des concerts ? et pour deux voyageurs de modeste équipage comme nous le sommes, consentira-t-il à nous chanter ses plus jolis morceaux ?

Laissons cette préoccupation, le déjeuner est servi. Nous nous mettons à table. Il me vient une idée ; je prends une feuille de papier à tête, — de votre papier, cher monsieur de Pène, — ou plutôt du papier de *Paris-Journal*, et ayant appris par Irma, nommée plus haut, et qui est la cuisinière, que Ludwig Rainer parle anglais, je lui adresse dans cette langue un compliment, et sollicite la faveur de lui faire une requête.

Ce n'est point un vain titre que ce titre : Journaliste français. En effet, au bout de cinq minutes, Rainer se présente, nous salue, et voilà la conversation engagée dans une langue qui n'est ni du français, ni de l'allemand, ni de l'anglais, ni de l'italien, et qui tient un peu de tout cela.

Rainer s'attable avec nous, choque son verre habilement rempli par le diplomate Henri, et, sans tergiverser, je pousse à Rainer la botte de la tyrolienne. Rainer m'explique longuement qu'il ne donne plus de concerts ; que parfois, quand le beau temps lui amène du monde, il se laisse aller à son ancien métier, mais que tout est désorganisé en ce moment : sa basse est à la chasse, son ténor est à la ville, lui-même est enrhumé et sa femme est enceinte.

Nous insistons. Je lui parle de mon sacerdoce de journaliste, des besoins où l'on est à Paris de

savoir ce que c'est qu'une vraie tyrolienne du
Tyrol. Rainer se rend, l'idée de se voir imprimer
s'est emparée de lui. Un concert nous est promis
pour le soir et Rainer sort pour revenir un instant
après, conduisant par la main l'une des jeunes
filles citées plus haut, et qui est sa belle-sœur,
mademoiselle Thérèse Prandt.

Nous sommes déjà au courant des mœurs
tyroliennes, et nous savons que les étrangers sont
traités en amis, qu'on s'y familiarise assez vite et
que l'on n'y pose pas. Thérèse accepte, comme
son beau-frère, un verre de vin du Tyrol — très-
mauvais vin, que je ne recommanderai pas à
mon plus intime ennemi — et elle répond en
anglais à toutes les questions que nous lui
adressons.

Voici en quatre mots l'étrange histoire de la
famille Rainer, fort connue dans tout le Tyrol et
dont on ne se souvient plus à Paris.

Rainer a épousé une fille de son pays, Anne
Prandt, et a pris avec elle, à sa charge, ses deux
jeunes sœurs, encore enfants, Isabelle et Thérèse
Prandt. Un peu plus tard, leur frère Aloys s'est

joint à la troupe, et tout ce petit monde s'est mis à exploiter le talent que leur avait donné la nature en colportant de ville en ville, de contrée en contrée, les chants traditionnels de leur pays.

N'ayant pour tout bagage que leurs costumes tyroliens, agrémentés de passementeries, enjolivés de broderie d'or et d'argent, pour toute ressource qu'un léger répertoire d'airs tyroliens, pour réclame que l'étrangeté des instruments dont ils se servent, ils ont été à Vienne, à Munich, à Londres, hormis à Paris où la place était déjà prise, si l'on s'en souvient, et ils ont rapporté de leurs pérégrinations une petite fortune péniblement amassée.

Rainer alors a eu l'idée de s'installer sur une montagne, à six lieues de tout village et de toute habitation, au bord du lac d'Achensée, dans une situation qui n'a pas sa rivale en Suisse ; il a ouvert un hôtel très-confortable et qui, pendant deux mois de l'année, ne désemplit pas. Quand Rainer doit chanter avec sa famille, on vient de plusieurs lieues à la ronde, la nouvelle se colporte de village en village, et peu s'en faut que la compagnie des chemins de fer du sud de l'Autriche n'installe un train spécial pour conduire les voyageurs à Jenbach, c'est-à-dire à la station la plus voisine du lac d'Achensée.

On mène à Achensée une vie étrange, quasi-patriarcale. L'existence, tout entière partagée entre le lac et l'hôtel, se passe dans le repos le plus absolu, dans l'oubli le plus complet du monde, des journaux, de la poste et de la vapeur. On se croirait transporté dans une planète robinsonienne et on ne s'ennuie pas une minute.

Les deux sœurs Prandt mangent et en même temps servent à table. Elles vous apportent une assiette de fruits et s'attablent auprès de vous pour mordre à une pêche. Il y a quelque chose de biblique dans cette méthode, qui a pour résultat de choquer démesurément les Anglais. Le service de la cuisine et de l'intérieur est réservé à des mercenaires subalternes. Après le déjeuner, qui est le dîner en Allemagne, puisqu'on y mange la soupe, Thérèse nous prend par la main et nous propose une promenade sur le lac, dans son bateau.

Nous voilà installés à bord, nous deux, Thérèse et un très-grand monsieur qui arrive de Munich et qui parle le français assez correctement. Thérèse prend les rames sans permettre qu'on veuille l'assister dans la manœuvre du bateau, et nous voilà partis. Je résiste encore à la tentation de vous décrire les merveilles du lac d'Achensée, les oasis au milieu des escarpements de la montagne et les splendides cascades qui s'échappent de toutes les fissures des rochers.

J'aime mieux vous décrire la gondolière qui nous conduit. Si je cède à ce caprice, c'est que ce monde où nous sommes tombés est si étrange, si en dehors de la civilisation des villes, si loin des habitudes gourmées des hôtels suisses, et si caractéristique en même temps, qu'il est fatalement appelé à trouver sa place dans un récit de voyageur.

Thérèse Prandt est une fille de vingt-deux ans à peu près, aux cheveux en désordre, — un désordre volontaire, croyez-le bien. Chaussée de guêtres, vêtue d'un jupon assez court pour grimper dans la montagne, Thérèse chasse le chamois, rame ou conduit à la voile, nage comme un poisson, à ce qu'on m'a dit. C'est la vraie femelle du Tyrolien des romans. Elle n'est pas jolie, mais elle est étrange ; elle a autour des lèvres, à la joue et au cou, des cicatrices qui donnent une sorte de sauvagerie à son visage hautain et qui paraissent dues à quelque coup de feu égaré. Ou elles sont le résultat d'un accident de chasse, où il y a dans ces vestiges quelque drame de montagne dans lequel l'amour et la jalousie ont eu leur part.

Vous comprenez que je n'ai point osé m'informer. La matière me paraissait délicate, et elle doit l'être.

Isabelle, la cadette, est au contraire une grande jeune fille fort belle, d'une beauté sauvage et sans reproche ; soit qu'elle ait le sentiment de sa valeur physique, ou soit par l'effet d'une timidité qui n'est pourtant pas dans les mœurs de ce pays, elle se tient sur la réserve, elle se renferme dans une majesté que ne comporte ni le coquet tablier dont elle recouvre sa robe, ni le service des plats et des fourchettes dans lequel elle paraît exceller.

Le soir venu, et comme le bruit du concert

promis s'était répandu aux environs, un grand nombre d'indigènes se pressaient dans la salle à manger. Rainer est venu s'excuser auprès de nous de n'avoir ni basse ni ténor pour chanter avec lui et d'être obligé de réduire son concert à quelques airs nationaux et à deux ou trois morceaux d'instruments exécutés sur la cithare. Puis, tandis que les soupeurs achevaient leurs repas, Thérèse vient tout simplement écarter les assiettes et les verres sur un coin de la table commune et y déposer une boîte carrée, qu'elle ouvrit et qu'elle exhiba à nos yeux surpris.

Cette boîte contient la fameuse cithare. La cithare, que j'avais cru être jusqu'ici un instrument classique, fort connu des anciens, mais oublié depuis Virgile, et que je n'appréciais que comme fin de vers latin, (une brève, une longue, une brève), la cithare est un parallélogramme d'un mètre carré, assez épais et creux. Sur la tablette supérieure, sont disposées vingt-sept cordes métalliques, capables de donner tous les sons désirables. On en joue avec les deux mains; et tous les doigts, sauf deux qui servent à maintenir l'instrument, font leur partie sur les cordes. L'un pince, un autre doigt presse, un troisième appuie. Le moindre contact suffit à faire vibrer le sensible instrument.

Thérèse a, pendant une heure, exécuté sur ce piano tyrolien toutes les valses et toutes les polkas nationales, et ensuite a accompagné son beau-frère, qui nous a récité les chansons tyroliennes les plus étranges et les plus imprévues.

Pendant ce temps, Isabelle pinçait de la guitare. Les dilettantes de l'endroit se pâmaient d'aise. Nous, nous étions surpris par la nouveauté du concert et surtout par son extrême bizarrerie.

Derrière les deux instrumentistes, Rainer était debout, chantant à pleine voix ; auprès de lui son garçon de ferme, mâchonnant un cigare à demi éteint ; devant lui, son fils, jeune moutard de dix ans, et sa fille qui n'en a que six. Non loin, madame Rainer, bonne grosse femme en robe de chambre et assise sur une chaise dans l'ombre. Les servantes, les garçons de service au dernier plan. Tout ce monde chantait les refrains, et accompagnait Rainer avec des *la la ou, oullié la, hallé la ! ou ou la la ou !*

Rien n'est plus surprenant, plus curieux, plus imprévu que cette famille perchée sur une montagne et chantant ainsi par cœur, sans musique, sans préparation, côte à côte avec les spectateurs, les cris étranges du Tyrol et filant des sons comme au Conservatoire.

Après le concert, Rainer nous dit : « Descendez, on va danser. » Nous ne nous fîmes pas prier.

Dans une sorte de masure dépendant de l'hôtel, au fond d'une petite pièce meublée de bancs de bois et blanchie à la chaux, se tenaient autour d'une table deux ou trois naturels du pays, simples paysans qui gagnent quelques florins par semaine à tailler du bois. L'un d'eux tenait une cithare et charmait ses compagnons en buvant du vin et en fumant. C'était un garçon de dix-huit ans, vêtu du costume tyrolien, orphelin et recueilli par Rainer, qui le fait travailler. On nous invita à prendre place et à trinquer avec eux.

C'est toujours dans les mœurs du pays : une

douce familiarité, en quelque sorte respectueuse, s'établit aussitôt entre les voyageurs et les indigènes. Nous demandons une valse, le cithariste prélude. Aussitôt un fort gaillard, bucheron de son état, quitte sa veste, ôte son chapeau, et va inviter Thérèse, qui lui donne la main. La valse commence, une vraie valse, comme on n'en danse pas à Paris. Le danseur tyrolien n'enlace pas sa danseuse, il la tient par les épaules ; la danseuse croise ses mains derrière le dos de son cavalier, et tous deux tournent comme des tontons. Au beau milieu de la valse, le grand gaillard quitte sa danseuse, et pendant qu'elle continue à valser toute seule en lui tournant le dos, il se livre à une pyrrhique effrénée qui est intraduisible en langue vulgaire. C'est une série de sauts au plafond, d'entrechats, de coups de pied, de coups de mains , d'entrechoquements de genoux.

On entend claquer les mains, on entend résonner sur le parquet le genou nu, et l'oreille est désagréablement affectée par les cris gutturaux que croit devoir émettre le danseur affolé.

Après plusieurs reprises de cette valse étonnante, on s'est remis à boire et à chanter des tyroliennes ; puis, toujours par suite de cette familialiarité montagnarde qui va en croissant et en embellissant, on nous a priés de danser à notre tour la danse nationale de la France, c'est-à-dire le cancan. Nous nous y sommes énergiquement refusés, ce qui a jeté un froid. Alors nous avons déclaré qu'il était impossible de danser le cancan sans grosse caisse, et que nous tenions absolument à une grosse caisse.

En vain nous offrit-on de suppléer à l'absence du monstrueux instrument par un tambour ; nous avons répondu que le tambour pouvait à la rigueur remplacer la grosse caisse, mais ne suppléerait jamais à l'absence de cymbales. Cette raison a paru concluante et l'on n'a plus insisté.

La soirée s'est terminée, toujours au milieu d'innocentes libations, par l'exhibition d'un dernier instrument fort curieux et que mon ami Henri croit avoir reconnu pour un *xilophon*.

C'est un instrument fait de paille et de bois ; le mécanisme en est bien simple. Deux rouleaux de paille supportent sept tablettes de bois, chacune d'une grandeur différente et formant ensemble les sept notes de la gamme. Au moyen de deux petits marteaux, on frappe alternativement sur l'une ou sur l'autre de ces tablettes et il en résulte un air quelconque. L'instrument est d'une tonalité claire et sonore et d'une irréprochable justesse.

Après quoi, et avant de nous aller coucher, nous avons demandé à Rainer de nous faire entendre un dernier morceau. Il nous a chanté l'air patriotique du Tyrol : la mort d'Andréas Hofer, le héros des montagnes, celui qui, après une résistance de trois mois contre Napoléon, fut pris et fusillé à Botzen.

Rien n'est plus touchant et plus dramatique que ce simple chant tyrolien, débité par un virtuose convaincu, sur la cithare plaintive.

Rainer avait les larmes aux yeux et il nous a tous émus quand, la main sur son cœur, jouant la scène et faisant le geste d'un homme frappé à mort, qui va tomber, il a murmuré le refrain de la chanson.

Adieu, mein land Tyrol.

J'ai quitté Achensée ce matin, salué par les adieux de cette excellente et patriarcale famille, et emportant avec moi le souvenir d'une des journées les plus curieuses, les plus remplies et les plus fantastiques de mon voyage.

V

Encore le Tyrol. — Les fiancés Allemands. — Amours platoniques. — Réflexions physiologiques sur le mariage. — Des différences qu'apporte la bière ou le vin dans les mœurs de deux peuples. — Retour à Insprück. — Les femmes du Tyrol. — Un ténor italien. — Singulière aventure. — Le nouveau Buridan. — Chapitre qui a donné beaucoup de mal à la plume de l'auteur.

Villach, 27 août.

De ma fenêtre, je vois disparaître avec les brumes du soir les dernières hauteurs du Tyrol. Autour de nous s'élèvent les montagnes de la Carinthie, qui, selon une expression vulgaire, ne vont pas à la hauteur des bottes de leurs sœurs tyroliennes. Ce préambule métaphorique et poétique n'a pas d'autre but que de vous annoncer

que nous avons quitté le Tyrol et que nous mar-
chons rapidement vers Vienne.

Pour ne pas voyager la nuit, nous nous arrê-
tons à Villach et j'en profite pour continuer à
vous mander les choses intéressantes que je sa-
voure à mon grand plaisir et peut-être au grand
ennui de mes lecteurs. J'avoue que je suis heureux
de pouvoir encore vous parler du Tyrol et de donner à cette merveilleuse contrée quelques lignes
supplémentaires, dictées par la reconnaissance.

Je vous ai parlé d'Achensée : il y a autour
d'Inspruck soixante ou quatre-vingts Achensées, la
vallée du Zillerthal à elle seule en contient sept
ou huit; le lac de Tichensée, à quelques milles
du lac d'Achensée, mériterait les descriptions les
plus minutieuses, mais, comme je vous l'ai dit, je
ne fais pas de description.

A Tichensée, nous avons vu des fiancés allemands. Le fiancé allemand est un être particulier, et qui ne peut appartenir qu'à l'Allemagne.
Les fiançailles, en ce pays, constituent une sorte
de roman platonique, auquel on n'ajouterait en
France aucune créance.

On reste fiancé pendant trois ans, quelquefois plus, quelquefois moins. Trois ans, c'est la moyenne. Durant ce long délai, destiné sans doute à fondre deux caractères, à arrondir certains angles, les fiancés vivent absolument ensemble, sous la surveillance lointaine du père ou de la mère de la jeune fille. Les deux promis se quittent à peine, ils dînent et soupent à la même table et font de longues promenades sentimentales, souvent seuls, en tête à tête.

Les fiancés riches voyagent, témoin ceux qui étaient hier avec nous à Tichensée. Ce sont deux jeunes gens parfaitement blonds, comme il convient aux enfants de l'Allemagne. La jeune fille a des airs évaporés et une toilette voyante du plus déplorable effet; le jeune homme se dandinait comme un coq, et se faisait remarquer par un jabot de dentelles, qui lui donnait l'air d'un petit maître de l'ancien théâtre. Un homme de cinquante ans, qui passe pour le père de la jeune fille, les accompagne de temps en temps. J'ai rencontré ces deux fiancés dans un bois très-sombre, se tenant enlacés et seuls. Dans la journée ils ont pris une barque et ont été se promener sur le lac, toujours seuls. Le lac est semé d'oasis mystérieuses, éloignées de tout regard profane, perdues au milieu de rochers et de cascades. Les promeneurs du lac aiment à s'y arrêter un instant. Notre batelier nous y a menés, comme les autres, et nos yeux ont été attirés par une inscription toute fraîche, écrite au crayon, sur une table de bois. La barque des fiancés qui s'éloignait nous indiquait l'auteur probable de l'inscription, dont je pris copie et que je fis traduire. La voici en français :

« Auprès de ce banc, sous cet arbre, j'ai cueilli une fleur. Je ne dis pas laquelle. »

Vous allez vous écrier : « Oh! oh! » Eh bien, pas du tout. Cette fleur mystérieuse n'est pas ce que vous croyez. Cette fleur se résume en un baiser pris sur le front, — pas sur la joue, — sur le front de la jeune fille. Jusque-là, et surtout à cause de cette dernière découverte, nous avions cru avoir affaire à deux mariés plongés dans les douceurs d'une honnête lune de miel. On nous détrompa à la première question, et nous apprîmes que les jeunes gens n'étaient que fiancés.

Cet état platonique et qui doit être délicieux dure trois ans. Je vous l'ai dit, pendant ces trois ans, les fiancés se livrent à toutes les expansions sentimentales que la nature et leur cœur leur inspirent. A table d'hôte, la fiancée met son pied sur celui du jeune homme. Entre deux plats, ils échangent un furtif serrement de main.

Dès que leur assiette est pleine, ils reviennent aux appels de l'appétit allemand et reprennent la fourchette de la façon la moins platonique. Il paraît avéré que pendant ces trois ans, malgré les privautés dangereuses, et les tête-à-tête fréquents, il ne se passe rien qui puisse faire rougir la morale. Les spectateurs sourient et ne se scandalisent pas, les jeunes gens finissent par s'adorer, et ils sont généralement heureux en mariage. C'est le roman de *Cyrus* mis en action, moins la prétention du style et l'héroïsme boursouflé des personnages. On s'embrasse devant le monde, on se fait des vers, on parle de l'avenir, on attend sans impatience. Parfois le fiancé va au loin pour ses affaires; on échange un serment. Trois mois, six mois se passent, le fiancé revient, le roman recommence et s'achève à l'heure dite. Il n'y a pas d'exemple qu'un fiancé allemand se soit jamais permis de devancer d'une heure la finale de cette sonate à deux voix et qu'il ait essayé de changer le duo en nocturne. La fiancée semble avoir pris pour devise : « Confiance, » et le fiancé : « Honni soit qui mal y pense ! »

Si vous ajoutez à cette épreuve matrimoniale, dont les résultats ne peuvent qu'être excellents, la loi du divorce en vigueur dans toute l'Allemagne, vous verrez que j'avais dans cette lettre une merveilleuse occasion d'augmenter, sur le sujet du mariage, le nombre infini des brochures qu'a enfantées *l'Homme-Femme* de Dumas fils.

Je sais bien qu'on me répondra qu'en France un pareil système serait impraticable, que le fiancé ne demeurerait pas trois ans dans une continence quasi-biblique, et qu'après trois jours de résidence dans les nuages, il se hâterait de redescendre à terre, et de poursuivre l'essai jusqu'à parfaite conclusion. Est-ce une question d'éducation, est-ce une question de tempérament ?

Est-ce une question de bière ou de vin? de biftecks ou de légumes? Je laisse le développement de cette thèse aux physiologistes et aux abstracteurs de quintessence matrimoniale.

Il ressort cependant de cette digression que les Allemands sont plus vertueux que les Français. Dans le Tyrol spécialement la vertu fait partie du paysage. Insbruck en offre les exemples qui valent la peine d'être notés.

Au même hôtel que nous, était descendu un jeune ténor italien, fort beau garçon, et qui venait de faire une fructueuse tournée en Bavière et en Tyrol. Un soir, après souper, après une brûlante journée d'août, nous nous assîmes avec le ténor à une petite table dans le jardin de l'hôtel et nous l'interrogeâmes sur le Tyrol, qu'il connaissait admirablement.

Tout en rendant justice aux merveilles naturelles du pays, je me hasardai à lui dire que sous le rapport des théâtres, des concerts et des plaisirs, les villes du Tyrol me semblaient assez dépourvues. Peu à peu la conversation avait pris une tournure assez... anacréontique, et nous en étions au chapitre des aventures. J'avais cette opinion que les aventures devaient être fort rares dans le pays, et que la domination cléricale qui régente toute l'Allemagne du sud ne devait pas les favoriser beaucoup.

Le ténor nous répondit par un sourire malicieux qui éveilla notre curiosité et provoqua de notre part quelques questions que j'oserai qualifier d'indiscrètes.

— Vous vous trompez, nous dit l'Italien. Mon sourire ne vous apprendra rien. J'ai vécu trois mois à Inspruch, allant partout et connaissant tout le monde, et je n'ai jamais été le héros de la plus vulgaire aventure. Les églises et les montagnes sont les seules distractions de ce pays naïf, les femmes y sont laides, et, quand elles sont jolies, elles se fagottent pour devenir laides, ou bien elles sont dévotes. Les seules rencontres que l'on puisse faire sont celles d'un chamois dans la montagne ou d'un chanteur de tyroliennes au fond d'une auberge. Je n'ai jamais eu ici qu'une aventure, et j'avoue, à l'heure qu'il est, que je ne sais pas encore si je dois m'en féliciter ou si j'ai fait un rêve.

Ces paroles ayant plus vivement éveillé notre curiosité, nous poussâmes le ténor dans ses derniers retranchements et il ne put se refuser à être plus explicite.

— Ce que j'ai à vous dire n'est pas très intéressant, vous allez savoir pourquoi ; mais cela ne laisse pas que de m'embarrasser beaucoup, à cause de ma modestie.

Et sur un signe de nous, le ténor continua.

— J'avais chanté la veille chez le comte de... (le narrateur s'arrêta discrétement) ; je me permets de vous dire que j'obtins un grand succès ; mais je n'insiste pas. Le matin, en me réveillant, le portier de l'hôtel me remit un petit billet parfumé et cacheté à la cire qui sentait la parisienne et le musc. J'ouvris ce billet avec curiosité... mais vous allez m'appeler fat, messieurs.

— Pas du tout, pas du tout ! Achevez, je vous prie, lui dis-je.

— Le billet contenait quelques lignes en italien, d'une écriture très-fine et très-distinguée. On me mandait que, sachant que je devais partir le lendemain et comptant sur ma discrétion quasi forcée, une dame désirait me parler, que j'eusse à me trouver devant l'arc de triomphe, situé au bout de la principale rue d'Inspruck, la *Stadzgasse*, à huit heures du soir. Quelque étrange que me parût l'invitation, je me promis de m'y rendre, et j'attendis huit heures avec une impatience que vous devez comprendre.

Je dois le dire, Henri Heugel, mon compagnon, ne put se défendre d'un criminel mouvement d'approbation.

— Le soir, un orage épouvantable éclata sur la ville. Pluie, grêle, tonnerre, éclairs, tous ces éléments semblaient conspirer contre une bonne fortune qui s'annonçait si bien. Je me couvris d'un manteau, et me voilà, par une nuit comme l'enfer, en sentinelle, sous l'arc de triomphe. La ville est fort mal éclairée, comme vous savez, et l'été on compte sur des clairs de lune équivoques qui inspirent aux allumeurs de réverbères des velléités de paresse fort périlleuses. J'avais les pieds dans l'eau et je n'y voyais goutte.

» A huit heures dix minutes, une voiture s'arrête, la portière s'ouvre. C'était bien pour moi;

j'entre hardiment, je m'assieds non moins hardiment sur les coussins à côté d'une sorte de sac
en fourrures, en soie, en velours, que sais-je ?
et qui renfermait la femme au billet.

» Le cocher, sans doute averti d'avance, fouette
ses chevaux qui clapotaient dans l'eau, et, dans
l'obscurité, se met d'instinct à suivre un chemin
quelconque. J'essayai de deviner à qui j'avais
affaire et si ma compagne était jolie ou laide. Je
vous l'ai dit, la nuit était affreusement noire, et
je ne distinguai dans l'ombre qu'une forme
vague et des mains dégantées fort blanches.

» Qu'auriez-vous fait à ma place? Je causai, ne
sachant pas trop ce que tout cela voulait dire, et
craignant une mystification d'un rival en musique.

» Ma compagne me parla à son tour. Elle causait
en italien avec un cruel accent allemand. Elle me
dit qu'il lui était impossible de me recevoir chez
elle, qu'il n'existait pas à Inspruck de ces restaurants complaisants qui font la joie des capitales
civilisées, et que force lui était de prendre la
route de Brenner, où sur la hauteur, non loin du

glacier, existait une sorte de petite auberge, isolée et discrète.

» Pendant ce temps, la voiture roulait toujours.
La pluie fouettait aux vitres, le vent sifflait, les
arbres craquaient, les chevaux buttaient dans les
flaques d'eau et gravissaient la montagne, prêts à
tomber dans le précipice où coulait le Zill, le terrible torrent qui se jette dans l'Inn.

» Je fis semblant de croire que ma compagne
était effrayée de la solitude et de l'orage et je ten-
tai de la rassurer. Vous en auriez fait autant à ma
place.

— Je ne sais pas, lui répondit l'un de nous,
votre aventure commence comme la Tour de
Nesle, j'aurais craint le dénouement.

— Nous arrivons au Brenner. On me fait descendre de la voiture, et me voilà frappant à coups
redoublés à la porte d'une affreuse bicoque, peinte
en vert. Le tableau était sinistre. La pluie tombant à verse, la nue sillonnée d'éclairs, le bruit
du vent et du torrent, un cocher ruisselant d'eau
et de mauvaise mine, et moi frappant contre des
volets.

» Après un long quart-d'heure de cet exercice, il fut avéré qu'il n'y avait personne dans la bicoque, que ses hôtes avaient fui, chassés par le mauvais temps et ne comptant pas que des touristes et des amoureux seraient assez fous pour se risquer jusque-là. Je remontai en voiture. Le cocher reprit la route d'Inspruck... La dame soupira.

— Ah ! monsieur, lui dis-je, ceci c'est de la fatuité.

Le ténor se rengorgea et rejeta ses beaux cheveux noirs en arrière. C'est vraiment un joli garçon, un peu pommadé, mais digne de servir de modèle à un maître italien.

— Non, je vous jure, répondit-il. Je n'aurais pu accepter d'être venu au Brenner avec une femme qui me semblait charmante, d'avoir fait quatre lieues dans la boue, la nuit, pour revenir comme j'étais parti.

— Et comment cette aventure a-t-elle fini ?

— Oh ! très-prosaïquement. Arrivé à Inspruck, le cocher prit une petite rue sombre et s'arrêta. On m'invita à descendre ; une petite main serra la mienne ; une jolie bouche accentua un affreux : *gut nacht,* et je restai sur le pavé.

» Je rentrai à l'hôtel, très-intrigué, résolu de tirer la chose au clair. C'est pour cela que je suis encore ici ; mais il faudra que je parte demain, désespéré de n'avoir point découvert trace de mon inconnue.

» Je puis vous garantir qu'elle est jeune ; mais je ne sais ni si elle est blonde, ou brune, ou chataine, si elle est grande ou petite, si elle a la peau blanche, les yeux bruns ou bleus ; à quel monde elle appartient. Il est clair que cette femme ne voulait point se cacher, mais qu'elle n'est point fâchée que le temps et la lune absente aient donné à son aventure cette tournure mystérieuse et piquante.

» Ne me demandez pas autre chose, mes amis. Voilà la seule aventure qui me soit arrivée à Inspruck, et vous voyez combien elle est défectueuse.

—Peuh ! s'écria Henri, je vous conseille de vous plaindre !

VI

Vienne, le 30 août.

Vienne, par sa situation centrale entre l'ouest
et l'orient, entre le nord et le midi, tend à prendre
la première place en Europe. La ville, depuis
quatre ans, s'est renouvelée comme un arbre au
printemps. La régénération a commencé le lendemain de Sadowa. On a payé les frais de la
guerre, et tout aussitôt la terre a produit une
récolte magnifique, comme la nôtre cette année.

4.

Les Autrichiens ont alors fait peau neuve ; les affaires ont repris, les plaisirs les ont suivies ; l'empereur a fait démolir les fortifications reconnues désormais inutiles, et de magnifiques boulevards, sillonnés de tramways, bordés de magnifiques maisons, se sont élevés là où naguère surgissaient les glacis, les remparts et les bastions les plus rébarbatifs.

Depuis quatre ans, l'argent autrichien, ou plutôt le papier autrichien, longtemps déconsidéré, a repris toute sa valeur ; un grand nombre d'entreprises industrielles ont réussi et jeté l'or à travers la contrée : Vienne s'amuse, Vienne fait de la musique, danse, boit et ne fait pas de politique.

Malheureusement, nous sommes arrivés à Vienne pendant la morte saison. Quoique la ville soit très-peuplée, il y a peu de monde, dans le sens que nous autres Parisiens nous attachons à ce dernier mot. Vienne est la seule ville allemande où l'on gagne facilement l'argent et où on le dépense tout aussi facilement ; où la vie est aussi chère qu'à Paris et où l'on est, comme à Paris, indifférent à ce vil métal, fait pour rouler, et que ménagent, au contraire, les Allemands du nord.

Pour peindre Vienne d'un seul mot, je dirai : Vienne, c'est Paris ; et si les Viennois étaient des Marseillais, ils pourraient s'écrier à leur tour : Si Paris avait le Danube, ce serait un petit Vienne ! Vienne, c'est donc Paris ; Paris petite ville, Paris où tout le monde se connaît, où le nombre des hommes dont on s'ocupe et des femmes dont on parle est plus restreint, et par conséquent plus connu, plus observé, plus admiré ou plus ridiculisé. La vie de Vienne est disposée pour l'amusement et pour le plaisir. Depuis l'ouvrier jusqu'au millionnaire, c'est la même existence, à des prix différents et à qualité inégale.

Tandis que chez nous le déjeuner est accessoire et que l'on travaille jusqu'au dîner pour s'amuser ensuite, les Viennois, après avoir très-légèrement déjeuné en se levant, vont à leurs affaires jusqu'à deux heures ; à deux heures on dîne, puis après le dîner on ne songe qu'aux plaisirs et aux promenades. Les gens actifs, les travailleurs passent

bien encore une heure ou deux à leur bureau,
pour signer les lettres, dépêcher une affaire,
apprécier le cours de la bourse ; mais ils sont
calmes, légers, rapides ; ils ne quittent pas leurs
gants ; leur voiture est à la porte. Le théâtre
commence de bonne heure, à sept heures, et
finit à neuf heures et demie ; puis on va souper
jusqu'à onze heures. Les soupers sont gais et
très-bruyants. A partir de onze heures, on trouve
encore dans Vienne les distractions les plus va-
riées, les bals, les soirées, les clubs.

Ces observations expliquent pourquoi l'on
appelle Vienne une ville de plaisirs. Ce n'est
point une ville où l'on s'amuse plus qu'à Paris,
c'est une ville où l'on s'amuse plus longtemps.

Tandis que chez nous, libre à huit heures après
le dîner, vous allez au théâtre jusqu'à minuit, et,
passé cette heure, vous ne pouvez vous amuser
qu'en noctambulisant dans les restaurants des
boulevards, aux dépens du sommeil ou de la
santé, les Viennois commencent à six heures, se
contentent de deux heures de spectacle, ont
encore trois heures de nuit pour se livrer à toutes

les saturnales de la civilisation et peuvent se coucher à minuit, ayant, comme Titus, bien employé leur temps. En vérité, mes frères, c'est là une méthode que je vous recommande, et voilà des règles de conduite ou d'inconduite dont les hommes rangés ne devraient point se départir.

En cette saison, les plaisirs de Vienne, sans compter les théâtres dont nous parlerons en leur lieu et place, se composent d'une infinité de bals et de concerts, depuis le jardin Mabille jusqu'au dernier bastringue du dernier de nos boulevards extérieurs. Le *Sperl*, dont on nous avait parlé comme d'un lieu de délices, est un horrible caboulot où l'on danse, où l'on soupe, où l'on chante, et que fréquente une société interlope, qui n'a son équivalent dans aucun pays civilisé.

Une odeur nauséabonde, composée de bière, de jambon, de roatsbeef, de vieilles fleurs et de sueur humaine, en même temps qu'une vapeur épaisse, produite par la fumée de deux mille pipes, saisissent le malheureux visiteur à la gorge et l'aveuglent pour quelques minutes. S'il a le courage de persister, après s'être frayé un chemin à travers les bancs et les tables, il se trouve en face d'un orchestre excellent, comme tous les orchestres de Vienne, et qui joue pendant huit heures de suite les valses entraînantes de Johann Strauss et des polkas de tous les compositeurs allemands, qui sont nombreux. .

Sur cette musique, toujours au milieu des tables, de la fumée et des parfums, s'élancent des groupes d'infatigables danseurs de tous les pays, valaques, hongrois, slaves, turcs, monténégrins, car le peuple de Vienne se recrute parmi toutes les nations ; les femmes y sont laides de figure, mais bien faites, richement colorées, et habillées comme des comparses du théâtre Montparnasse. L'indienne et les bijoux d'or faux constituent le vêtement féminin du *Sperl*. Quelques figures d'étrangers, égarés au milieu de cette cohue, contrastent, par leur ahurissement, avec la gaîté des habitués de ce bal, et les deux portraits de l'empereur et de l'impératrice, placés en évidence, suivent d'un regard mélancolique les ébats de leurs fidèles sujets.

Autre chose est le *Neue Welt* (le nouveau monde), jardin public situé dans un faubourg de Vienne, à Hisling, non loin de Schœnbrunn. Ce jardin est un véritable Eden, que Paris a le droit de lui envier.

Pour s'y rendre, il faut une demi-heure en voiture. On quitte la ville vers sept heures, selon la coutume, et l'on s'arrête un instant à Schœnbrunn. Le palais est d'une architecture médiocre, mais le parc est admirable. Créé par Marie-Thérèse, il rappelle quelque peu le parc de Versailles, avec des perspectives plus grandioses et plus pittoresques. Ce parc est immense, et représente avec le château un capital de cent millions. Il appartient à l'empereur, qui, trop pauvre pour se permettre un pareil luxe, rêve de le morceler et de le livrer aux spéculateurs.

Ce rêve est d'un bon père de famille, mais il n'est point d'un artiste, et surtout d'un artiste impérial. Dans ce parc, on trouve tout ce qu'on peut trouver : des eaux vives, des lacs, des bains, une ménagerie, une volière, un vivier. C'est tout à la fois Versailles, le Jardin des Plantes, les

Tuileries et le Luxembourg. Très-fréquenté, très-
animé et admirablement situé à la porte de
Vienne, il reçoit les derniers adieux du soleil
couchant et s'endort au son des orchestres du
Neue Welt, qui chante et danse à quelques centaines de mètres.

Le *Neue Welt*, comme Schœnbrunn, réunit tout.
Si Schœnbrunn parle à l'âme et aux yeux, le
Neue Welt parle aux sens. Très-grand et très-
vaste, ce jardin est éclairé par des girandoles
placées bas et qui répandent la lumière à profusion. Au milieu d'un emplacement circulaire,
entouré de fort beaux arbres naturels et de quelques palmiers artificiels qui, comme à Mabille,
supportent des becs de gaz, se dressent des centaines de tables où l'on soupe et où l'on fume.
Au fond, sur des gradins échelonnés dans une
sorte de temple grec, un premier orchestre
charme les soupeurs qui applaudissent entre
deux côtelettes.

A droite et à gauche s'élèvent deux kiosques
où, à tour de rôle, on peut entendre deux autres
orchestres. Quelquefois les trois orchestres jouent

ensemble le même air, et sans se précéder d'une note. On me dit que cette fantaisie musicale est admirable d'exécution ; je note cette déclaration, sans la garantir autrement.

Le chef d'orchestre s'appelle Edouard Strauss. C'est le frère du célèbre Johann Strauss et plus d'un prétend qu'ils se valent. Les musiciens appartiennent à l'armée. Le gouvernement les autorise, pour un bon prix, à se prêter aux exigences du public et des entrepreneurs de plaisirs publics. C'est donc un excellent métier d'être musicien dans l'armée, attendu qu'on paye très-cher.

Vers la gauche, il y a la salle de bal, en plein air, bien entendu, et qui se compose d'un rectangle parqueté, orné de girandoles et de réverbères. Un quatrième kiosque, placé à l'extrémité du rectangle, permet à l'orchestre de transporter ses symphonies. Indépendamment du jardin, il y a derrière l'emplacement circulaire dont nous avons parlé, un établissement couvert et clos de murs, qui, quand il pleut, sert de refuge aux soupeurs et aux danseurs. Je ne cite que pour

mémoire les tirs au pistolet, les marchandes d'é-
ventails et de fleurs, les magiciennes qui disent
la bonne aventure, et qui, comme à Mabille,
exercent leurs petits commerces dans d'élégantes
boutiques répandues çà et là.

Je terminerai cette première lettre sur Vienne
en vous parlant du *Volgs'garten* (jardin du peuple),
situé en plein cœur de la ville, derrière le palais
de l'empereur, et qui n'est qu'un simple concert
où se réunit, vers six heures, toute la société
viennoise. Le jardin est petit, mais très-fréquenté.
La musique se fait entendre au seuil d'un café
fort luxueux, et, selon l'habitude ici, on mange,
on boit et l'on fume aux sons de l'orchestre. Au
Volgs'garten, la valse et la polka ne règnent pas
en maître ; elles cèdent le pas aux grands opéras
et l'on y entend plus souvent du Wagner que du
Strauss. Aussi sommes-nous moins favorables au
Volgs'garten qu'au *Neue Welt*.

Il y a bien encore d'autres bals et d'autres
concerts dans la bonne ville de Vienne. Il me
faudrait plusieurs lettres pour pouvoir énumérer
tout ce qu'on peut trouver ici de plaisirs faciles

et de bon aloi ; mais je m'arrête. Je vous parlerai demain du public que l'on rencontre dans ces lieux de plaisir, des toilettes qu'on y voit et des mœurs qu'on y peut observer.

VII

Vienne, le 31 août.

Je vous ai dit dans ma dernière lettre que Vienne ressemblait à Paris. Comme Paris, en effet, Vienne ne s'étend pas au-delà de certaines limites. Toute la vie active, tout le mouvement, tout le commerce, la banque, les spectacles, les journaux, tout se remue comme à Paris, dans un espace qui s'étend entre les nouveaux boulevards de la ville, que l'on appelle le *Ring* (anneau). Cet espace tiendrait aisément entre la Madeleine et la rue Drouot; le reste de Vienne ne compte pas. Rien n'est plus gai, plus bruyant, plus encombré que la grand'rue et les rues avoisinantes, de dix heures du matin à deux heures. A partir de six heures du soir, l'intérieur de la ville se vide au profit des faubourgs et des quartiers excentriques.

L'un des faubourgs de Vienne hérite, chaque soir, du mouvement de la cité. C'est le Léopoldstadt, où sont situés le *Sperl*, le *Carl-Theatre*, et surtout le *Goldenen Lamm* (l'Agneau d'or), l'un des hôtels de Vienne les plus étranges et les plus fréquentés.

On dîne et l'on soupe au *Goldenen Lamm*, qui se transforme tout à la fois en Maison d'or et en succursale de Brébant. Ce n'est point un hôtel, c'est un caravansérail. On y coudoie tous les mondes et on y rencontre tout le monde. Beaucoup d'étrangers, des artistes, des millionnaires, des chanteurs, des diplomates. Il n'arrive pas à Vienne une célébrité quelconque, qui ne passe par le *Goldenen Lamm*. C'est, dans la même salle, la réunion de Brébant, du café Riche, de Bignon, de la place de la Bourse et de Tortoni. Tout le monde s'y voit, s'y connaît, s'y serre la main, et s'y raconte les nouvelles les plus fraîches et les cancans les plus mystérieux.

C'est là qu'on prépare les journaux, qu'on juge une danseuse, qu'on critique un livre, qu'on discute la politique, que l'on condamne ou que l'on absout tout personnage sujet à caution. Il y a spécialement au *Goldenen Lamm* la table du docteur Hertzl. Le docteur Hertzl est un journaliste qui écrit peu et qui parle beaucoup. Il fait l'article parlé. Profond comme un Allemand, gai comme un Parisien, brillant comme Méry, improvisateur comme Dumas et humoristique comme Alphonse Karr, le docteur Hertzl a fondé au *Goldenen Lamm* une large table, toujours trop petite, où se réunissent à chaque repas et se remplacent constamment tous les hommes que Vienne compte comme des célébrités, des capacités ou des espérances. Des banquiers, des boursiers, tous les journalistes, les comédiens, les chanteurs, les compositeurs, tous ceux qui par l'esprit, l'argent, le talent, l'intelligence trouvent une place quelconque au soleil de Vienne, se donnent rendez-vous autour de la table du docteur Hertzl. On cause ; le docteur Hertzl est, nous l'avons dit, un charmant causeur, mais un causeur méchant. S'il était né Français, il eût fait un adorable petit journaliste, de ceux qui savent, avec une ligne, tuer un homme par le ridicule, et qui jugent avec un bon mot une œuvre que d'autres critiquent en trente colonnes.

Les Français sont admirablement reçus à cette table, le peuple viennois éprouvant pour la France une sympathie qui est certainement payée de retour. Le Viennois est d'une complaisance sans bornes et d'une patience infinie. Il servira d'interprète à un Français ignorant la langue allemande, sans sa fatiguer et sans manifester de mauvaise humeur. Je ne crois pas que nous soyons capables d'en dire autant. Le Français aime à jouer le rôle passif, tandis que le Viennois dépense son activité pour être agréable au Français. Ce qui séduit le Viennois, c'est l'insouciance, et ce que j'appellerais le bagout du Français. Il écoute les phrases brillantes, claires, nettes, les mots piquants, aigus que le Français sait lancer à propos de tout. Le Viennois a de l'esprit, le Français a de la verve, et la verve séduit plus que l'esprit, surtout quand l'esprit est profond, raisonné, calculé et en quelque sorte massif, comme l'est l'esprit allemand.

Autour de la table du docteur Hertzl, d'autres tables gravitent timidement comme des satellites autour d'un astre étincelant. On y remarque de tous les mondes. Il y a des mères de famille, qui habitent l'hôtel avec une légion de bébés; — des grands diplomates, — des Anglais roides dans leurs faux-cols, — de jeunes mariés allemands, partagés entre la bière et l'amour, et, au milieu de tout ce monde, des officiers, des jeunes gens et un nombre illimité de cocottes.

A Paris, il y a certaines démarcations parfaitement définies; dans certains lieux de réunions il n'y a que des cocottes, dans certains autres il n'y a que des dames du monde. Dans les restaurants de Paris, on peut faire les mêmes observations. A Vienne, partout où l'on soupe, partout où l'on s'amuse, la promiscuité est absolue. Au *Neue Welt*, qui est le Mabille de Vienne, il y a des familles bourgeoises qui font vis-à-vis à Marguerite Gauthier, Nini les dents blanches et Gretchen du Sommering. Au *Volgs' Garten*, qui représente ici le concert des Champs-Élysées, les jeunes gens quittent leurs familles pour aller causer de fleurs et de poésie avec les Lodoïska, Litschen, Zulchen, Catinka et Paméla qui émaillent le parterre du *tendre* Autrichien.

La cocotte viennoise...

Vous savez, cher monsieur, que je n'ai pas l'intention de consacrer un chapitre à aucune cocotte, ni d'établir un parallèle entre le demi-monde français et le demi-monde allemand ; mais je ne puis m'empêcher, en essayant d'étudier les mœurs et les usages d'un pays, de relever certaines différences qui sont intéressantes. L'étranger qui vient à Vienne veut tout connaître, et le devoir du chroniqueur en voyage est d'instruire en amusant. Je ne viens donc pas m'excuser de traiter un sujet en apparence immoral ou tout au moins puéril ; non, je parle de Vienne : j'ai dit que Vienne, comme Paris, était une grande ville de plaisirs; c'est bien le moins que je m'occupe des éléments constitutifs de Vienne.

Or, la cocotte viennoise est un élément constitutif. Ce n'est point la cocotte française, c'est-à-dire la femme artificielle, Parisienne par excellence, bavarde et rieuse, dont la réputation est européenne; qui, avec de l'instruction et de l'esprit, serait Aspasie; qui, avec de la vraie beauté, serait Phryné, et qui, en fin de compte, n'est rien du tout qu'un papillon aux fragiles couleurs.

A Vienne, une cocotte n'est point une cocotte. Elle se rapproche sensiblement de l'ancienne grisette chantée par Béranger.

A Paris, on trouve ce type parmi les jeunes vertus médiocres qui ont un pied dans l'atelier et un autre dans le cabinet particulier de la Maison d'Or; qui portent un bonnet jusqu'à midi et un chapeau le soir; qui sont ouvrières jusqu'à sept heures. C'est la chrysalide de la cocotte, — état précaire qui ne dure pas à Paris, où l'on reste chenille quand on ne devient pas papillon.

A Vienne, on reste chrysalide. Les élégantes boutiques sont peuplées de jeunes filles, simplement vêtues, fraîches, modestes, réservées. Elles tiennent les livres, font l'article, séduisent le client. Le soir, vous trouvez au *Volks' garten* ou au *Sperl* une femme en robe de soie à traîne, un chapeau monumental sur le front, gantée de blanc, peinturlurée d'amidon, de rouge et de bleu, effrontée et se trémoussant au son de la musique, et vous reconnaissez la jeune boutiquière du matin. Elle s'est transformée; elle est devenue cocotte, mais elle est grisette.

Elle est, le plus souvent, le fruit ambitieux d'un petit bourgeois des faubourgs ou d'un infime boutiquier de la banlieue. Elle aime les bijoux, le luxe, et va où elle sait qu'elle en pourra trouver. Je ne sais pas comment elle s'arrange avec sa famille, comment elle leur explique sa conduite, mais elle est et demeure absolument libre.

Il faut dire que le gouvernement autrichien se montre d'une extrême tolérance au sujet des mœurs de ses administrées. Vienne est la ville de la liberté par excellence; il n'y a ni police, ni règlement, on n'empêche personne de bien faire ou de mal faire. Chacun ou chacune est responsable de ses actes vis-à-vis de sa conscience ; personne ne lui en demande compte, personne ne les réglemente. Aussi, l'amour des plaisirs est-il effréné dans cette bonne ville de Vienne, le besoin du luxe est-il général, et les tentations sont-elles faciles et toujours suivies de succès.

Pour observer cette corruption empreinte d'une certaine naïveté, il faudrait habiter Vienne l'hiver. Toutes les sociétés sont présentes, et il paraît que l'on s'amuse !...

Je n'en sais rien, mais les Viennois ne semblent pas être trop malheureux l'été. On raconte autour de moi bien des scandales, bien des aventures, bien des romans qui se sont passés non plus dans le monde vulgaire des cocottes, mais dans le monde des dames à trente-deux quartiers. Je ne puis me fier sur des on-dit pour affirmer que Vienne est la ville la plus pervertie et la plus dissolue du monde entier ; mais, vous connaissez le proverbe : « Il n'y a pas de fumée sans feu. »

Ce que je puis affirmer, c'est que les Viennoises ne connaissent pas la bégueulerie (excusez
le mot). A quelque monde qu'elle appartienne,
on aborde une femme dans la rue, elle écoute,
elle répond, elle sourit. Elle accepte votre compagnie si vous la lui proposez, et vous laisse à sa
porte en vous parlant de son mari qui l'attend et
de ses enfants qu'elle adore. Si même le mari
survient pendant le colloque, il vous salue et
vous remercie de la peine que vous avez prise
d'escorter sa femme. Le Français, toujours plein
d'amour-propre, croit à une mystification, et cependant, il n'y a dans tout ce trafic que de la candeur.

Pareillement et dans une autre classe de la
société, une femme a la vanité ou la pudeur de
se créer une position avouable, plutôt que de
déclarer qu'elle est ce qu'elle est véritablement.
Sauf de très-rares exceptions, une femme prise
en flagrant délit d'inconséquence laissera croire
que c'est un accident dans sa vie, qu'elle est danseuse, marchande, comptable, etc., etc. On nous
en a cité qui se déclaraient « poëtes » de pro-

fession et une entre autres qui, interrogée sur le métier qu'elle exerçait, a répondu par cette carte : Mlle. . . ., *photographe de harem.*

VIII

L'Opéra de Vienne.

Vienne, 2 septembre.

On a déjà beaucoup parlé, à l'époque de son inauguration, du grand Opéra de Vienne. M. Perrin a même écrit sur ce monument un long article, qui a fait quelque sensation, dans *le Figaro*.

Les journaux de Vienne ont cependant vivement critiqué cette œuvre colossale, si vivement que l'architecte en est mort. Après ce déplorable événement, la critique est revenue sur son appréciation et a déclaré que l'Opéra de Vienne était la huitième merveille du monde. C'est beaucoup dire, surtout quand on le compare avec notre nou-

vel Opéra, qui, quoique inachevé, laisse loin derrière lui les théâtres les plus célèbres de l'univers
civilisé.

Ce qu'il faut dire, à la louange des Viennois,
c'est qu'ils ont entrepris les premiers de fonder
un impérissable monument musical, et qu'ils sont
les créateurs d'une nouvelle organisation théâtrale, dont nous serons forcément les imitateurs.
Il est impossible de rêver quelque chose de plus
pratique et de plus intéressant que l'Opéra de
Vienne. Pour la première fois on a réuni dans
un théâtre tous les éléments disséminés des autres
salles de spectacle ; pour la première fois d'auda-
cieux novateurs ont introduit dans la machination
d'un théâtre la vapeur, l'électricité et toutes les
inventions qui paraissent incompatibles avec l'illusion dramatique.

On ignore à Paris ce que sera le nouvel Opéra
une fois achevé. Je crois qu'en racontant ce que
j'ai vu, je donnerai par anticipation toutes les explications que donneront les reporters futurs de
notre nouvel Opéra.

Extérieurement, l'Opéra de Vienne est une

grande caserne, lourde et massive, d'une désespérante régularité. La *loggia*, qui occupe la façade principale, rompt la monotonie de ce décor vulgaire; mais une fois entré, il faut admirer sans restriction et reconnaître le génie prévoyant, l'intelligence hors ligne, le bon sens sans pratique qui ont inspiré et fait exécuter ces travaux gigantesques.

On entre à l'Opéra et on en sort par vingt portes échelonnées tout autour du théâtre. Les couloirs qui conduisent à ces portes sont larges; les dégagements sont vastes; en cinq minutes, une salle de deux mille personnes peut se vider entièrement. La péristyle du théâtre, sur lequel s'ouvrent une demi douzaine de portes, occupe à lui seul le cinquième de l'emplacement total. Il ressemble, au point de vue de l'architecture, au péristyle du théâtre de Bordeaux; il dessert cinq escaliers, dont le premier, celui du centre et qui conduit à la loge impériale, est d'une largeur et d'une hauteur ultra-monumentales. Les escaliers de côtés conduisent aux loges et aux galeries. Pas de contrôle; sur la première marche de chaque escalier un employé, à la livrée du théâtre, regarde votre billet et vous indique votre chemin. Arrivé à votre place, un autre employé prend votre billet et vous montre le fauteuil ou vous ouvre la loge que vous allez occuper.

Les couloirs sont vastes et proportionnés aux dégagements que j'ai décrits plus haut. Au deuxième, on trouve le foyer du théâtre, précédé du palier formé par les escaliers cités plus haut. Le palier est splendide et rappelle, avec des proportions plus grandes, celui de l'Odéon. Il est en pierre et en marbre, avec des colonnes dans le style grec. Le foyer est défectueux ; le palier lui a fait du tort et lui a laissé peu de place : il a beaucoup de rapport avec le foyer du Châtelet ; le balcon, formé par le *Loggia*, l'agrandit quelque peu. A droite et à gauche du foyer, on trouve deux plus petits foyers, contenant deux buffets, dans l'un desquels il est permis de fumer.

Le foyer est richement décoré et prosaïquement meublé en velours vert. Les plafonds sont ornés de médaillons représentant les maîtres les plus célèbres de tous les mondes et la scène principale de leurs chefs-d'œuvre. Les maîtres allemands sont en majorité ; nous avons regretté l'absence d'Halévy, qui pourtant était mort depuis longtemps quand on a commencé l'Opéra de Vienne. La salle est fort belle, bâtie dans le goût italien; c'est-à-dire sans aucune saillie, comme chez nous, destinée à supporter les galeries supérieures. Il y a cinq rangs de loges, un parquet, qui représente l'orchestre, et un parterre où l'on se tient debout.

Les fauteuils sont larges et admirablement rembourrés, la salle est éclairée par un lustre assez chétif et des becs de gaz renversés, sans globe, qui semblent jaillir du plafond en gerbes de feu. La rampe est double: il y a une file de becs le long de la scène et une autre file invisible, dans une des saillies du plafond, près de l'avant-scène. La décoration de la salle est sévère, de bon goût, blanche et dorée. Le plafond a des fresques, les galeries n'en ont point. Au premier rang seulement, une série de médaillons représentent les chanteurs célèbres de tous les pays. Il y a des tapis partout, des glaces et des salons dans toutes les loges.

Je vous donne brièvement tous ces détails, car tout ceci n'est rien. Ce qu'il faut connaître de l'Opéra de Vienne, c'est ce qu'on ne voit pas, ce sont les dessous et les machines gigantesques qui animent tout ce théâtre, et font mouvoir tout ce monde.

Je veux vous parler d'abord de la ventilation du théâtre. Malgré la chaleur de la saison, augmentée de l'éclairage, nous fûmes surpris en prenant nos places de l'extrême fraîcheur qui régnait dans la salle. Le régisseur général de la salle, en même temps maître de ballet, M. Telle, auquel nous fûmes présenté pendant l'entr'acte, s'offrit à nous pour nous montrer par quel procédé on ventilait cet énorme hémicycle.

Il nous fit sortir du couloir par une porte de fer, dissimulée dans un mur et nous pénétrâmes avec lui dans une grande chambre pourvue de boutons numérotés et parsemée de tuyaux de conduite, nombreux comme les étoiles du ciel. Chacun de ces tuyaux communique d'un côté au cy-

lindre de ventilation et de l'autre, à une loge ou
à un fauteuil de la salle. On fait la chaleur qu'on
veut, un thermomètre est placé en évidence dans
cette chambre ; au moyen d'un fil électrique, on
peut connaître en une seconde le degré de chaleur
qui règne dans une loge ou qui met en moiteur
un spectateur du parquet. Le spectateur se plaint,
dans l'entr'acte, qu'il a trop chaud ; l'employé de
service touche un bouton, communique le numéro au ventilateur en chef, qui répond par un
envoi immédiat de fraîcheur dans la chambre du
plaignant.

J'avoue que j'ai voulu expérimenter ce moyen
féerique de réfrigération, et profitant de ce que
mon ami Henri s'épongeait le front, j'allai prévenir l'employé que le fauteuil 195 se plaignait de
la chaleur. Admis à jouer moi-même de l'instrument, je communiquai au fauteuil 195 une atmosphère de quatre degrés au-dessus de zéro, et pris
le malin plaisir de voir Henri grelotter pendant un
acte, et se demander où il avait pris cette fièvre
inconnue jusqu'alors.

Nous n'avons pas fini avec la ventilation. Curieux d'en connaître les détails, nous descendons avec M. Telle dans les caves du théâtre. Il y faisait un froid piquant. Dans une des caves, une machine à vapeur, d'un calibre immense, reste en pression pendant toute la soirée ; auprès d'elle et liée à elle par des cordons, une autre machine cylindrique sert à pomper l'air et à confectionner la fraîcheur, si je puis m'exprimer ainsi. Le bruit que fait l'air dans cette machine est effrayant ; on se croirait en pleine mer, à la merci d'un terrible ouragan.

Cette machine est une véritable outre d'Éole, qui transmet le vent froid dans tous les tuyaux, et si peu qu'on ouvre le tuyau, le conduit jusque sous le fauteuil ou dans la loge qui demande de l'air. Le thermomètre indique le degré de ventilation obtenu et l'on arrête à volonté.

Ce premier tableau nous donne envie de connaître la suite ; nous réservons l'examen au lendemain, et à la première heure nous sautons du lit pour aller voir M. Telle, qui s'était obligeamment mis à notre disposition.

L'entrée de l'administration et des artistes laisse

un peu à désirer comme décoration, mais au point
de vue du confort et de la propreté, et ne peut
que s'incliner. Les concierges des théâtres de
Vienne sont polis : au contraire des nôtres, ils
n'arrêtent pas les profanes pour leur demander
où ils vont, ce qu'ils veulent, et ne les jettent pas
à la porte avec ce sans-façon qui est si remarquable chez nos portiers. On trouve facilement les
directeurs ; ils ont des heures pour recevoir les
visiteurs et ne se font jamais céler. Puisque nous
avons ouvert cette parenthèse, nous devons croire
que cette urbanité et cette politesse sont générales
à Vienne, et que les fonctionnaires, les employés
supérieurs, les grands chefs d'établissements sont
simples, courtois et d'un abord facile.

Vienne, 2 septembre.

Nous arrivons donc sur le théâtre, sans avoir
rencontré aucune consigne ridicule et sans avoir
soulevé aucun soupçon malveillant. La scène de
l'Opéra est immense et ressemble à celle du Châtelet avec un tiers en plus. Une danseuse qui

s'exerçait à lever la jambe, et qui parlait le français, fut assez aimable pour faire demander
M. Telle, occupé à régler un ballet pour le soir.
M. Telle arriva peu après et nous commençâmes
notre tournée à travers le théâtre.

Les proportions en sont immenses, les dépen-
dances considérables ; c'est un monde, où l'on
trouve de tout. Nous débutâmes par les dessous ;
il y en a huit, tous à hauteur d'homme ; ils sont
destinés à contenir et à faire mouvoir les coulisses,
les décors et les praticables, dont l'usage est fré-
quent dans les pièces à spectacles. Tous ces édi-
fices, en carton et en bois, sont maintenus et
transportés par des cables de fer. On ignore la
corde à l'Opéra de Vienne. Tous les câbles sont
mus par la machine à vapeur, qui est la grande
curiosité du théâtre.

La machine à vapeur est à droite du dernier
dessous. Nous ne décrirons pas une machine à
vapeur, mais nous constaterons ces résultats.
Douze machinistes suffisent à faire marcher tout
le théâtre. On prépare les décors pour le soir,
on dispose les cordons qui les mettent en com-

munication avec la machine à vapeur, et les machinistes vont se promener.

Toute la machination est alors dans les mains
de M. Telle, qui, installé dans une petite loge
près de l'avant-scène, les doigts appuyés sur des
boutons télégraphiques, attend les répliques et
joue alternativement sur chacune des gammes de
son clavier électrique. Le fil conducteur donne
le signal au mécanicien. Il ouvre une soupape, il
lance un jet de vapeur dans un tuyau, et le décor,
la coulisse, le praticable se met en mouvement
et se dispose de lui-même, lentement, régulièrement, machinalement.

C'est admirable de simplicité et d'exécution.
D'autres boutons permettent à M. Telle de communiquer avec la loge des figurantes, l'atelier
de décors, l'orchestre, les divers services de la
salle, etc., etc. Un dernier bouton met en communication l'Opéra de Vienne avec tous les postes
de pompiers de la capitale. En cinq minutes, on
peut savoir au dernier bout du dernier faubourg
que le feu est à l'Opéra, et les secours peuvent
être aisément et rapidement organisés.

L'inventeur de ce système à vapeur se nomme Dreilich. C'est le machiniste en chef du théâtre; il a dessiné les plans et trouvé le premier à appliquer cette admirable invention de la vapeur à l'usage des décors et des trappes.

C'est surtout le jeu des trappes qu'il faut observer. Elles descendent, toujours par la vapeur, lentement et régulièrement, sans mouvement brusque. Le support de la trappe, pourvu de dents, s'emboîte dans une crémaillère qui l'arrête chaque seconde et qui, dans le cas où une corde se casserait, laisserait la trappe stationnaire et empêcherait un accident. Nous sommes loin, vous le voyez, du matelas traditionnel.

Continuons. A gauche des dessous, nous trouvons l'atelier de menuiserie, où l'on construit les cartonnages du théâtre. Une cinquantaine d'ouvriers y sont constamment occupés à confectionner les praticables et à tailler les coulisses. Au fond, de vastes remises contiennent les toiles de fond, qui sont nombreuses.

Les cintres sont réservés à l'atelier des tailleurs. On y confectionne les costumes, on y pique les bottines, tout se fait au théâtre, rien au dehors. Plus loin, l'atelier de M. Brioschi, le peintre en chef des décors de l'Opéra, un élève de Cambon. On y rencontre les pots à couleur, des toiles gigantesques et les maquettes en couleur de tous les opéras de Wagner. Au-dessus du premier cintre, d'immenses salles sont réservées aux costumes du répertoire, à droite le côté des hommes, à gauche le côté des femmes.

Chaque costume est étiqueté, chaque opéra a son armoire ou plutôt ses armoires. Il y a également des armoires pour les chapeaux, des armoires pour les bottines. Tous les costumes sont merveilleux, confectionnés avec du velours de première qualité et de l'or fin. On se croirait dans une *Belle-Jardinière* de fantaisie. En quittant la salle des costumes, nous entrons dans la salle d'armes, qui renferme les armures, les casques, les épées et tous les accessoires militaires dont on peut avoir besoin à l'Opéra. La plupart de ces armes viennent de l'arsenal de Vienne.

Ce n'est pas tout : nous avons à parler encore des archives du théâtre, qui contiennent, sous la

surveillance de deux employés sans cesse occupés, les deux mille partitions dont se compose le
répertoire d'un bon Opéra. Il y a là les pièces les
plus inconnues et le nom des maestri les plus
inédits.

Descendons quelques marches. Ce sont les
foyers de la danse. Il n'y a pas, comme à Paris,
de ces foyers d'artiste, élégants salons où l'on
cause et où l'on noue des intrigues entre deux entrechats. Les foyers de la danse à Vienne sont des
manéges où l'on travaille. Pour seule décoration,
une glace en pied où s'admire la danseuse.

Nous sommes indiscrètement entrés dans plusieurs de ces manéges. Malgré l'heure matinale,
nous avons trouvé dans l'un d'eux la première
danseuse, mademoiselle Salvioni, qui, à demi-
vêtue, soutenue par un violon plein d'enthousiasme, se livrait à des jetés-battus dont nous lui
fîmes nos sincères compliments.

Dans le manége à côté, où nous attirait un autre violon, nous assistâmes au cours des petites
filles que l'on dresse à l'art de Therpsycore. Il y
avait là une cinquantaine de jeunes gaillardes,

échelonnées entre six et douze ans, qui valsaient et tournaient admirablement, et qui nous faisaient présager qu'il y aurait encore de beaux jours pour l'Autriche.

Elles travaillent sous la direction de madame Telle, la femme de notre obligeant cicérone. Madame Telle est une charmante Française, acclimatée à l'Allemand, et qui s'est vouée avec plaisir à l'ingrate tâche de faire marcher des pieds et tourner des bras.

Tout autour des cintres, à tous les étages, les portes numérotées indiquent les loges des artistes. Au côté cour, qu'en allemand on appelle côté ville (*stadt*), les hommes ; du côté jardin, — en allemand *garten*, les femmes. Les loges des figurants et des figurantes, grandes pièces pourvues de tables, de placards et de glaces, se distinguent par la hauteur où elles sont placées, et l'atmosphère lourde et quelque peu méphitique qui y règne constamment.

Nous achèverons cette description circonstanciée en ne disant qu'un mot des loges de l'empereur et des archiducs. La famille impériale a une

6.

grande loge au milieu du théâtre, qui occupe en largeur et en hauteur l'emplacement de vingt loges ordinaires. Les archiducs ont une avant-scène de première et une avant-scène de rez-de-chaussée, qu'ils affectionnent particulièrement. La dernière surtout fait le bonheur de l'archiduc Victor qui passe sa soirée à observer la grosse caisse immédiatement placée sous lui.

Chacune de ces loges est pourvue de deux ou trois salons d'un luxe inouï; le foyer spécial de l'empereur est une véritable salle du trône, lourdement décorée, mais spacieuse et faite pour recevoir des ambassadeurs.

Il est impossible du dehors de juger les proportions de ce théâtre, qui contient tant de monde et tant de choses. Le personnel du théâtre compte cinq cents personnes, en dehors des musiciens et et du corps de ballets. Le théâtre appartient à l'Etat, et le directeur, M. Herbeck, est un simple fonctionnaire, qui administre et touche des appointements. M. Herbeck est un homme aimable et simple, musicien de premier ordre et qui ne dédaigne pas de conduire l'orchestre, surtout quand y joue les opéras de Richard Wagner.

Nous avons fait beaucoup de peine à M. Herbeck, en refusant d'accepter une loge pour les *Maîtres chanteurs* de ce divin maëstro.

Je vous parlerai dans une autre lettre des ballets allemands.

I X

Vienne, 3 septembre.

Nous sortons de l'Opéra, où se donne en ce moment un ballet-féerie qui passionne Vienne et la province. Ce ballet est intitulé *Fantasca*. Comme tous les ballets, il n'a pas le sens commun et offre un mélange bizarre de toréadors espagnols et de gnomes fantastiques. Si peu sensé que soit ce ballet, il n'est pas plus bête que les féeries de-

vant lesquelles nous nous pâmons, et il a cet
avantage qu'on n'y parle pas et que le dialogue y
est remplacé par des ronds de jambe et de l'excellente musique.

Fantasca n'est et n'a jamais été qu'un prétexte
à décorations, à machines et à mise en scène;
mais j'avoue que jamais je n'ai rien vu de plus
admirable et de plus complet que l'exécution de
ce ballet allemand. On ne raconte pas *Fantasca,*
pas plus qu'on ne lit *la Biche au bois* ou *la Chatte
blanche.* On voit et l'on sort absolument abasourdi.
Il est impossible de concevoir un luxe plus inouï,
une richesse de costumes, une quantité de personnel, une abondance de lumière, un scintille-
ment de couleurs, de gazes, de dentelles, plus
éblouissants, plus mirobolants, — trouvez des
adjectifs, — plus pharamineux, plus superlico·
quentieux que les merveilles que nous venons de
voir. Cela dépasse *la Biche au bois* et *le Roi
Carotte,* — et ce n'est pas peu dire.

Il y a cette différence entre les deux féeries que
nous venons de citer et le ballet de *Fantasca,* que
les premières sont l'œuvre d'industriels fort

habiles et fort généreux, mais naturellement calculateurs, et que le second émane directement de l'administration supérieure, qui paye sans compter et sait que, quelles que soient les recettes encaissées, l'Etat perdra toujours.

Aussi l'Opéra de Vienne est-il l'établissement le plus admirable de l'Europe. L'art y règne en souverain maître. L'État a choisi M. Herbeck pour diriger cette colossale merveille, et M. Herbeck s'en acquitte en véritable artiste. Il est pénible à des Français de constater l'immense différence qui sépare l'Opéra de Vienne de l'Opéra de Paris. A Vienne, ville inférieure à Paris sous tous les autres rapports, tous les arts sont représentés à l'Opéra ; le chant, par le premier orchestre et les premiers chanteurs; la danse, par les plus illustres danseurs et les maîtres des ballets les plus connus. Décors, costumes, lumières, diamants, perles, couleurs, dentelles, tout y est semé à profusion. On captive les yeux, on enchante les oreilles, on flatte tous les sens. Pas une déchirure à un décor, pas un accroc à une robe, pas une pétale de moins à une fleur. A Vienne, c'est l'État qui dirige l'Opéra et qui consent à y engloutir des millions tous les ans.

A Paris, on veut faire de l'Opéra une affaire commerciale ; on étrangle la bonne volonté des directeurs, qui doivent compter avec une subvention trop légère et concilier des charges trop lourdes.

Il faut voir exécuter à Vienne un opéra ou un ballet pour bien sentir de quelle misérable façon on fait ou on laisse faire les choses chez nous. Ici on exécute, à Paris on charcute. Je vous le dis en vérité : Paris s'était classé la première ville du monde par ses sommités artistiques, son goût, son luxe, son habileté à mettre en scène. Aujourd'hui il l'a laissé échapper. Demain Vienne aura conquis ce sceptre si fragile que nous revendiquons à juste titre.

Dans *Fantasca*, à laquelle nous revenons, il y a quelquefois cinq cents personnes en scène. Le nombre ne fait rien, mais vous vous imaginerez difficilement quel effet magique produisent cinq cents costumes plus riches les uns que les autres évoluant sur la scène, cinq cents têtes d'hommes, de femmes et d'enfants, jaillissant de tous côtés et se confondant ensemble. Il faut les voir de la salle, et, à un autre point de vue, il faut faire comme nous avons fait, descendre sur la scène et voir de près l'admirable organisation de cette armée fantastique.

Au milieu d'un pêle-mêle de danseurs, de machinistes, de serruriers, de charpentiers, d'enfants de tous âges, de chevaux, de décors, de cartonnages, de torches flamboyantes, un homme, un seul, M. Telle, le maître des ballets, parvient à tout conduire et à tout diriger. Pareil à un général en chef qui transmet des ordres à des officiers inférieurs, il ne parle jamais et se sert du télégraphe pour se faire entendre et obéir. Rien d'admirable et de rapide comme tous ces mouvements; il ne faut d'ailleurs pas perdre une minute, tout est calculé comme pour le passage d'un express. Tout à l'heure, le théâtre était encombré, il semblait qu'on ne pût faire un pas dans cette foule bariolée et dans ce chaos inextricable : un coup de sonnette, la scène se vide, la toile se lève. Les signaux se succèdent, et tout le monde se groupe, se reconnaît, marche à son rang, fait son entrée dans son pas, sort, revient, change de costume, reparaît, disparaît avec un ordre admirable, une exactitude merveilleuse.

Les décors, sans qu'on voie les mains qui les font mouvoir, se placent d'eux-mêmes, les rampes, les becs, les transparents subissent leurs variations lumineuses sans danger, mus par l'action invisible de la machine à vapeur.

Nous quittons ces tableaux féeriques pour aller souper au *Goldenen Lamm*. Je vous ai déjà parlé de ce singulier hôtel, mais je ne vous ai pas tout dit. Aujourd'hui nous sommes servis par Charles, et c'est un honneur que Charles ne fait pas à tout le monde.

Charles est un garçon qui s'est fait une tête. Il porte ses cheveux longs et fatalement hérissés. Il est pâle et tient sa serviette comme une écharpe.

Nous demandons des côtelettes à Charles.

Charles est appuyé sur un bois de chaise et posé sur une jambe ; il se contente de transmettre notre commande à un subalterne.

— Ces messieurs, nous dit Charles, ont-ils été

hier au *Volgs' Garten* et ont-ils entendu ma valse?

— Comment, Charles, vous êtes musicien ?

— Oui, messieurs, je fais des valses et des polkas qu'Edouard Strauss mesure au *Volgs' Garten*, et je ne crains pas d'avouer qu'elles ont un certain succès.

Peu à peu, Charles s'assied sur une chaise voisine. Nous l'interrogeons. Charles est garçon de restaurant par nécessité, et mélomane par goût; il sert à table et fait du piano.

Parfois accoudé contre le poêle, quand il néglige de répondre à un consommateur qui l'interpelle, c'est qu'il compose. Charles parle le français admirablement, fait des vers et les met en musique ; il nous a fait hommage de quelques-unes de ces compositions, que je lui ai promis de faire connaître à Paris.

Charles, qui pourrait vivre de la musique, reste au *Goldenen Lamm*, où il jouit d'une certaine considération et d'une grande liberté. Il aime le Lamm, parce qu'il est le rendez-vous des célébrités littéraires et musicales de Vienne, et qu'il reçoit quelques autres personnages connus des

autres pays. Charles sert à la table du docteur
Hertzl, où dînent aujourd'hui Wachtel, le ténor
allemand que nous n'avons guère applaudi
à Paris, et plusieurs artistes dont les noms m'é-
chappent.

Charles connaît Albert Wolff; ils ont causé musique ensemble. C'est aussi le garçon de prédi-
lection d'Offenbach, qui ne prend rien que de sa
main. Si le bœuf est servi à Offenbach par un
autre que par Charles, Offenbach réclame
Charles et ne mange que si Charles lui dit de le
faire.

— C'est bien naturel, nous disait Charles, —
entre confrères!

Charles m'a beaucoup parlé de Frédéric Bé-
chard; il a découvert en lui un dilettante de premier ordre et m'a chargé de tant de compliments
que je ne suis pas fâché d'en déposer quelques-
uns au cours de cette lettre.

Quand on quitte la salle à manger du Lamm, il
ne faut pas s'étonner si l'on rencontre dans les
escaliers un superbe corbeau privé qui vous regarde monter les degrés avec une gravité mélan-

colique. Ce corbeau, apprivoisé par les garçons de l'hôtel, joue le rôle de chien ou de chat dans une maison où l'on aime les animaux. Il reste parfois une journée entière sur la même marche, ne croassant et ne piquant jamais les mollets des voyageurs.

Peu aimable, il ne répond à aucune avance. On m'affirme qu'il a des chagrins. En effet, ce corbeau avait un compagnon, ou une compagne, lequel ou laquelle a disparu subitement sans qu'on en ait jamais trouvé trace.

Le docteur Hertzl a accusé le propriétaire de l'hôtel, M. Hauptman, de l'avoir, dans un jour de disette, fait égorger, mettre en salmis et servir aux clients, sous le nom fallacieux de canard sauvage. M. Hauptman se défend vigoureusement d'une pareille profanation, et il apprivoise en se-cret un autre corbeau, pour démentir publique-ment les accusations dont on le charge.

4 septembre.

Nous sommes invités à dîner au *Prater*. Vous connaissez de réputation le *Prater* de Vienne.

C'est tout à la fois les Champs-Élysées et le bois
de Boulogne de la ville. Une allée spéciale, appe-
lée l'Allée populaire, est réservée aux chevaux
de bois, aux chiens savants et généralement à tous
autres spectacles en plein vent. Une autre allée
se remplit, vers cinq heures, d'équipages et de
promeneurs. C'est l'allée du *high life*. On y rencontre, en une heure, plus de jolies femmes qu'en
une journée à Paris.

Vienne n'a pas volé sa réputation, sous le rapport des jolies femmes. Elles sont, au point de vue
plastique, à peu près irréprochables ; mais quoi
qu'on en dise, les Viennoises ne ressembleront jamais aux Parisiennes. Fort aimables, d'un abord
facile, aimant causer et parlant le français, si peu
qu'elles soient bien élevées, elles n'ont pas cet
esprit de la Parisienne, cette verve, ce brio, ce
bagout (excusez le mot) qui séduit les étrangers.

Les Viennoises s'habillent mal et se chaussent
admirablement ; il y a ici un cordonnier qui fait
fureur comme Worth à Paris. Contrairement à
l'usage des cordonniers, on se met à ses pieds.
C'est chez lui que l'élégante madame de Metter-

nich, qui habitait Paris, commandait ses chaussures.

L'usage des faux cheveux est moins général qu'à Paris. Les femmes, surtout celles de la bourgeoisie, portent les cheveux courts, très-frisés et tombant sur les épaules, sans chignon et sans filet. Ce n'est pas beau, mais c'est naturel. Il y a cette différence entre la Parisienne et la Viennoise que la première est artificielle et l'autre naturelle. La nature embellit la beauté, l'art l'embellit davantage. C'est absolument comme le bifteck : on l'aime mieux aux pommes que nature.

Tout en faisant ces réflexions plus philosophiques qu'anacréontiques, ô mon cher monsieur de Pène, nous arrivons chez Constantini, le restaurateur du Prater. Là, dans un kiosque situé sur un monticule d'où l'on a une admirable vue sur Vienne et les Alpes, qui bleuissent au loin, nous sommes attendus par notre amphytrion.

Ledit amphytrion est le plus aimable des banquiers viennois ; sa modestie ne me permet pas de le nommer, mais tous ceux qui ont passé par

Vienne le reconnaîtront à l'épithète. Par une délicatesse toute gracieuse, ses hôtes sont tous Français ; c'est en quelque sorte un dîner sympathique, un prétexte à souvenirs du terroir, à ne parler que de la France et que de la patrie, dans la langue maternelle.

On a en effet beaucoup causé ; et cependant il y avait majorité de diplomates autour de la table. Le colonel de Vatry, attaché militaire près l'ambassade de Vienne, et qui a appris l'allemand à Francfort, en qualité de prisonnier ; avec lui, un autre attaché, M. Maurice Baudens, lieutenant au 3e hussards, qui relève à peine d'un accident où il a failli perdre la vie.

Le bruit a dû en arriver jusqu'à Paris, et si j'en parle, c'est pour rassurer tous ceux que son accident a pu inquiéter. M. Baudens, qui a échappé à Sedan aux désastres de l'armée de l'Est, a failli sauter dans sa chambre en jetant un bout de cigare dans un crachoir, où un domestique imprudent avait jeté le reste d'un cornet de poudre.

M. Baudens a eu son uniforme brûlé, un coin de la joue sérieusement atteint, et a été forcé de

garder la chambre pendant dix jours. Nous n'af-
firmerons pas qu'il n'y ait eu un peu de coquetterie
dans cette solitude prolongée. Il a fallu raser de
précieuses moustaches et attendre qu'elles repous-
sent d'une façon visible. Dix jours, ce n'est pas
trop pour des moustaches.

Il me reste à vous parler d'un troisième con-
vive. C'est aussi un jeune homme de trente ans à
peine, ou du moins qui n'en paraît pas davantage,
doux quoique énergique, très-causeur quoique
très-réfléchi, qui a joué et qui jouera un rôle dans
l'histoire de notre temps.

C'est M. de Serres, l'ex-général de l'armée de
l'Est, démissionnaire de tous ses grades , qui,
après avoir fait à Lyon le mois de prison auquel
il a été condamné, est revenu à Vienne reprendre
son poste administratif à la compagnie de la *Staad
Bahn* (chemin de fer de l'Etat), dont il est ins-
pecteur.

M. de Serres n'est ni républicain, ni gambet-
tiste ; il est patriote, on ne peut en douter. Ce
n'est pas dans une lettre de voyage que je discu-
terai la conduite de M. de Serres et que j'appré-

cierai ses actes. Nous avons longuement causé, et j'étais fort curieux d'entendre parler cette personnalité qui a joué un rôle si important dans la guerre et après la guerre. M. de Serres, se soumettant au jugement qui l'a condamné, croit avoir bien agi et fait son devoir quant au fond, et mérité une punition quant à la forme.

Il m'est difficile de vous en dire davantage ; aujourd'hui M. de Serres est rentré dans la vie privée ; il a accroché dans sa chambre son épée et son fusil pour les reprendre quand il le faudra. Le cas échéant, il me sera peut-être permis de me souvenir des paroles que nous avons échangées au *Volgs' garten*.

Je voulais vous parler d'un de nos compatriotes, également acclimaté à Vienne : c'est le sculpteur Deloye, dout le nom a eu quelque réputation aux derniers salons. Je n'ai plus de papier et j'ai encore à vous parler de la fameuse exposition de 1873, que l'on prépare à Vienne, et à laquelle M. Deloye travaille. J'aurai là une occasion toute tracée de combler la lacune que j'accuse aujourd'hui.

7.

X

5 septembre 1872.

Il me reste à vous parler de ce qui sera le couronnement de l'édifice à Vienne, de la fameuse exposition que les Autrichiens préparent pour 1873, et qui est destinée à effacer toutes celles qui l'ont précédée, y compris celle de 1867. Ma foi ! je ne jurerais pas que les espérances des Viennois sont exagérées : leur exposition à coup sûr sera splendide et s'annonce de la plus brillante façon. Il reste à savoir de quels éléments les Autrichiens entoureront leur exhibition pour attirer

les étrangers et leur fournir ce qu'ils demande-
ront.

Vienne est actuellement trop petite pour ses
habitants, les loyers ont triplé, et nous connaissons des gens fort riches qui n'ont pas pu trouver
une habitation dans la ville. De tous côtés on bâ-
tit des hôtels, il y en a plus de vingt en construc-
tion, et ceux qui comptent déclarent ce chiffre
insuffisant ; Vienne n'a que huit cents fiacres pour
transporter les voyageurs à l'exposition ; les tramways, qui font après tout des détours considérables, ne peuvent transporter qu'un nombre très-
limité de voyageurs.

Voilà ce qui se dit contre l'exposition ; mais
patience. Nous savons qu'il est question de créer
un chemin de fer qui partira du centre de la ville
pour l'exposition ; nous connaissons l'esprit cal-
culateur des Viennois, et nous savons que beaucoup d'entre eux abandonneront leur logement,
le loueront à des étrangers très-cher et s'en iront
vivre à la campagne.

Dès à présent, on est sûr de pouvoir faire coucher, faire manger et transporter les voyageurs.

A quel prix? Dieu le sait. La vie est étrangement chère à Vienne. On y parle de florins comme nous de francs. Une course de voiture coûte aisément trois francs, le plus vulgaire poisson cinq et six francs la livre, et la volaille se vend au poids de l'or. Quant au fruit, il est inabordable pour deux raisons, parce qu'il est cher et vert. C'est un fruit qui n'est pas bon pour des goujats, à cause de son prix.

La bière est la seule denrée qui ne coûte rien ou presque rien. Elle est d'une saveur et d'une fraîcheur dont n'approchent pas nos meilleures bières du Nord. La bière soi-disant de Vienne, qu'on vend dans certains établissements de Paris, est fabriquée à la Villette avec de l'alcool et des semelles de vieilles bottes. A Vienne, la bière est exquise et inoffensive ; mais nous voilà bien loin de l'exposition.

A deux heures, nous sonnons chez le baron Schwartz, le grand architecte, directeur, inventeur et secrétaire de l'exposition. Il tient à nous escorter lui-même au milieu des travaux encore très-imparfaits. Le baron Schwartz, qui a été consul à

Paris pendant la guerre, est un charmant homme, à la figure fine et distinguée, aux manières exquises, simple et courtois, et travaillant du matin au soir ; mettant lui-même la main à la pâte, retroussant ses manches pour diriger les ouvriers, et toujours souriant, malgré ses fatigues et l'immense responsabilité qui pèse sur lui.

L'exposition est située au centre du Prater. Nous avons déjà dit que le Prater est à la fois les Champs-Élysées et le bois de Boulogne de Vienne. On a donc pris dans le Prater un morceau de terrain, borné au nord par le Danube régularisé ; à l'est par la *Staats Bahn* (chemin de fer de l'État) ; au sud et à l'ouest, par les allées du Prater, qui serviront de chemins aux visiteurs de l'exposition, — et quels chemins !

Le palais de l'exposition, appelé Palais de l'Industrie, occupe un bon quart du parc. Situé vers l'ouest, c'est un long boyau fort large, coupé au milieu par une rotonde, et traversé de cinquante pas en cinquante pas par des galeries verticales.

La rotonde du milieu est à peu près terminée ; il n'y manque que la coupole. Elle sera à peu près aussi haute que les tours Notre-Dame. La galerie du milieu, large comme la rue de Rivoli, ne contiendra que la foule, et les cinquante ou les cent galeries verticales recevront les expositions de chaque pays. Entre les galeries, on remarque un intervalle, une sorte de cour, fermée de trois côtés. Ces cours seront des jardins réservés aux galeries adjacentes et déjà livrés aux commissions nationales. Chaque pays aura donc une ou plusieurs galeries, avec un ou plusieurs jardins.

C'est un peu le système de notre exposition de 1867, mais en longueur au lieu d'être en circonférence. C'est, pour exprimer techniquement mais vulgairement ma pensée, un immense et splendide passage des Panoramas, interrompu à intervalles réguliers par des galeries transversales comme la galerie des Variétés.

Les jardins nationaux constitueront également une innovation qui sera charmante, car ces jardins contiendront, en outre de l'ombrage et de la verdure, certains produits du terroir, tels que des arbres, des fleurs, et, dans la sphère industrielle, des instruments de labour, des chaises de jardin, des ponts suspendus, etc., etc.

La Chine aura ses paysages que nous admirons sur les paravents; l'Inde ses bois de palmiers et d'aloès; l'Angleterre un jardin anglais; l'Italie une charmille à l'abri des rayons du soleil; l'Espagne une orangerie. Je ne puis décrire ce qui n'existe pas, mais avec un peu d'imagination, vous pouvez concevoir tout ce qu'on verra.

Le baron Schwartz, de qui vient cette idée de jardins variés et dont le coup d'œil général, vu du parc, sera fort curieux et fort divertissant, le baron Schwartz a distribué l'exposition d'après un plan nouveau. Il range les pays par points cardinaux. Partant de l'Est, c'est-à-dire de l'Orient, il donne la première galerie au Japon, la seconde à la Chine; puis viennent les Indes, la Turquie, l'Autriche, la France, l'Amérique. J'en passe et des meilleures; mais je ne veux que vous montrer l'idée.

Le promeneur pourra donc, en parcourant la grande galerie du milieu, suivre pas à pas la civilisation dans son progrès, étudier les différences de denrées, de costumes, d'arbres et de produits, qui paraissent insensibles en rapprochant chaque pays l'un de l'autre, et qui sont si contradictoires quand on oppose l'Orient à l'Occident, ou le Nord au Midi.

Il y a en même temps dans cette idée un moyen pratique de guider le promeneur. S'il est aux Indes et qu'il veuille se transporter en Prusse, par exemple, ce qui serait le comble de l'imbécillité, il se dirigera vers le nord-ouest.

Comme vous voyez, cette exposition, au lieu d'être une tour de Babel comme toutes les expositions, sera un cours ambulant de géographie.

Je crois pouvoir affirmer un grand succès à ce merveilleux panorama de tous les pays. Je ne vous parle pas d'une galerie de machines, qui est encore à l'état de squelette et qu'on traverse au milieu de madriers, de poutres et de feuilles de parquet qui cèdent sous les pieds. J'arrive à la rotonde, dont la coupole aura quelques rapports avec celle du Panthéon, — architecture et matière à part. Soutenue par des piliers en fonte déjà posés, cette immense circonférence donnera accès dans les deux galeries du milieu et contiendra les grands produits, qui seraient écrasés ailleurs, — par exemple, nos glaces de Saint-Gobain.

Je ne puis vous parler ni de la décoration intérieure ni des œuvres de sculpture qui décoreront les façades. Tout ceci, c'est du dernier jour. Je dois seulement vous dire que les maquettes de ces façades sont admirables. Elles sont l'œuvre d'un jeune sculpteur français, M. Deloye, qui nous a montré dans son atelier quelques-uns des bas-reliefs qu'il prépare pour le portail principal.

Je dois dire que ces bas-reliefs ne m'ont pas beaucoup frappé, étant à peine ébauchés, mais que j'ai longuement admiré un admirable buste du comte Andrassy, qui fera la gloire de M. Deloye à Vienne, et achèvera celle du comte Andrassy. Jamais le marbre n'a mieux rendu l'expression intelligente, le regard énergique, la bouche fine et spirituelle d'un personnage célèbre. Ce buste sera une œuvre historique.

Autour de l'exposition, on fait le parc, c'est-à-dire qu'on dessine des massifs, qu'on plante des arbres, qu'on sème du gazon et qu'on creuse des bassins. Des Égyptiens bâtissent une maison, dite villa du vice-roi ; des Turcs construisent une sorte de petite mosquée en miniature. La commission française doit, dit-on, monter une maison modèle, et ainsi de suite pour tous les pays.

Le pavillon de l'empereur (*Kaiserlich pavillon*) sera à lui seul une petite merveille, il est admirablement situé. Toute cette partie de l'exposition ressemblera beaucoup à celle de Paris, mais elle aura en plus des arbres naturels et beaucoup d'eau. Je ne vous parle pas des buffets, ils seront nombreux, ainsi que les orchestres, qui seront littéralement semés à travers le parc. C'est la mode en Autriche. Les voyageurs sont absolument bombardés de musique ; on braque sur eux toute espèce de machines à harmonie, et les mélodies leur partent dans les jambes à propos de tout.

Ce sont les soldats du génie qui exécutent les travaux avec une armée d'ouvriers qui les secondent. Un grand nombre de femmes sont employées aux services les moins fatigants ; elles puisent de l'eau, taillent le gazon, comptent les briques, etc. Pour accomplir rapidement ce gigantesque ouvrage, on a créé un véritable chemin de fer, ou plutôt un embranchement au chemin de fer de l'État (la *Staats Bahn*). C'est encore un Français, M. de Serres, dont je vous ai parlé, qui a imaginé ce système de voie ferrée et qui l'a exécuté. Grâce à ce moyen pratique, on n'emploie plus ni voitures, ni chevaux au transport des matériaux. Les rails sont nombreux, et un seul train, en quelques minutes, apporte aux travailleurs tout ce qu'il leur faut.

Le baron Schwartz, en dînant, nous a donné beaucoup d'autres détails, mais qui seraient sans intérêt dans cette lettre. Nous avons prédit un immense succès à M. Schwartz et à son exposition, et nous ne croyons pas être au-dessus de la vérité.

Pesth, 8 septembre.

J'ai quitté Vienne, accompagné par une valse
de Strauss qui s'est continuée pendant la route et
qui a pris fin à la gare de Pesth. Cet amour de la
musique est typique dans les mœurs de l'Allemagne du Sud. Tout le monde est musicien, tout
le monde lit la musique, tout le monde en joue.
Les Bohémiens, entr'autres, poussent la frénésie
musicale jusqu'à se réunir cinq ou six pour jouer
un air qu'ils inventent et auquel ils ne font pas

une fausse note. On les rencontre autour d'une table de bois, dans une cour d'hôtel ou un fond de corridor, soufflant dans des trombones ou des cornets à piston, — sans musique, sans pupitre, — d'instinct, jouant pour jouer, soufflant pour souffler et charmant un nombre infini d'auditeurs qui dodelinent de la tête, frappent du pied en cadence et applaudissent à chaque instant.

Ainsi j'ai été reçu à Presbourg, ainsi je suis arrivé à Pesth, où la cour de l'hôtel était infestée d'une bande musicale qui m'a tenu éveillé jusqu'à une heure du matin.

Me voilà enfin sur le Danube, à Pesth, la dernière ville occidentale de l'Europe. Déjà la civilisation de l'Orient se fait sentir; mais néanmoins l'Occident l'emporte de beaucoup. Rien n'est admirable comme Pesth vu du pont de fil de fer qui relie la ville à la forteresse de Bude ou d'Ofen. C'est le dernier pont que le voyageur trouve sur le Danube. Au delà de Pesth, il n'y a plus que des ponts de bateaux ou des bacs pour traverser cet immense fleuve, que les Allemands appellent avec raison le beau Danube bleu, (*Schoen blue Do-*

nau). On ne connaît guère le Danube que par l'admirable valse que Strauss lui a consacrée. Nous allons le descendre jusqu'à la mer Noire ; vous trouverez donc bien naturel que je m'abstienne d'en parler aujourd'hui et que je réserve toutes mes impressions pour le jour où, l'ayant traversé dans sa longueur, je posséderai mon sujet tout entier.

Pesth est une ville qui ne ressemble à aucune autre ; elle est essentiellement européenne ; mais c'est plutôt un port qu'une ville, un admirable port comme Bordeaux ou Marseille. Le Danube n'est ni l'Océan ni la Méditerranée, et cependant il a quelque chose de si grandiose, de si fier, de si puissant ; les steamers qui le sillonnent ont une apparence si maritime ; sa population de matelots est tellement énergique et laborieuse, qu'on peut faire une exception en sa faveur et ne pas ranger tout à fait ses ports dans les ports d'eau douce.

Pesth, capitale de la Hongrie, est fier de sa nationalité et la revendique partout. Il ne faut pas confondre la Hongrie avec aucune des provinces soumises à l'Autriche, ni Pesth avec aucune des apitales de l'empire autrichien. Si François-Joseph est empereur d'Autriche, il est roi de Hongrie. On ne connaît pas l'empereur à Pesth, on connaît le roi. A Vienne, l'empereur a la couronne de fer, la pourpre, le sceptre de Maximilien et l'aigle à deux têtes ; à Pesth, il porte la couronne magyare et s'appuie sur l'aigle aux ailes ployées dont la serre tient un faisceau de foudres. L'empereur a dû se faire sacrer roi de Hongrie ; il est monté sur la colline de Bude pour ceindre l'épée et le manteau, et sur la colline en face, à Pesth, pour prêter serment la main droite étendue vers l'Orient.

Néanmoins, les Hongrois supportent péniblement la domination autrichienne. Forcés par les Russes, en 1848, de recevoir le joug des Allemands, ils sont restés courbés et inertes pendant vingt ans. A Sadowa, ils se sont relevés et ont vendu leur patriotisme aussi cher que possible ; il en est résulté pour eux une Constitution nouvelle, une Chambre qui leur est propre ; ils se gouvernent eux-mêmes, leurs tribunaux et leur armée leur appartiennent. Ils n'ont de commun avec l'Autriche que les finances. L'empereur est une sorte de chargé d'affaires qui communique avec la Chambre hongroise, seul souverain de fait, au moyen d'une commission choisie dans les deux Chambres, hongroise et autrichienne.

Je reviendrai sur cette page d'histoire contemporaine dans une autre lettre. Parlons de Pesth.

Pesth a profité de cette quasi-indépendance obtenue par la Hongrie. Depuis trois ans, la ville s'est agrandie démesurément. Avec Bude, elle comporte maintenant plus de six cent mille habitants ; à Pesth sont les Hongrois purs, à Ofen on trouve des Grecs, des Serbes et des Styriens. Les Allemands y sont en très faible minorité.

La langue hongroise est une belle langue qui n'a de rapport avec aucun autre idiome. On parle allemand à Pesth, mais dès qu'on a franchi la barrière, il faut s'exprimer dans la langue nationale. On m'affirme qu'elle est splendide et la plus propre à l'éloquence. Quand Kossuth la maniait, ses plus farouches ennemis courbaient la tête et l'applaudissaient.

Les Hongrois sont très-remuants, assez affables

et amis du plaisir. La chasse est le premier des plaisirs, le théâtre vient ensuite ; il faut voir quel enthousiasme agite une salle de spectacle à Pesth. Je viens de voir cela.

On jouait la *Juive* à l'Opéra. Voulez-vous une idée de la langue hongroise ? Comment croyez-vous qu'on dit *Juif* en hongrois ? Vous allez supposer que le mot, comme dans toutes les langues de l'Europe, rappelle son origine naturelle par le radical.

Les Anglais disent *Jewisch*, les Italiens *Hebrea* (cela ne rappelle plus la Judée, mais le patriarche Heber), les latins disaient *Judœus*. — Les Hongrois disent : A *Szidonó*.

L'opéra de Pesth est insuffisant ; la salle est fort sobre ou plutôt fort originale. Elle est blanche et bleue avec des ornements d'argent ; le rideau est bleu, le manteau d'Arlequin, les fauteuils sont bleus. C'est doux à l'œil, mais ce n'est pas brillant. Le théâtre, par sa forme, rappelle le théâtre des Variétés, avec un rang de loges en plus. Il n'y a point de foyer. On a le droit, pendant les entr'actes, d'aller se promener dans une cour intérieure, assez mal tenue.

Cette cour, dont un des côtés n'est séparé de la rue que par une grille, est commune aux spectateurs et aux artistes. Pour ma part, j'ai rencontré pendant l'entr'acte le cardinal qui trinquait avec Eléazar. Le palatin de Constance *en grillait une* et se laissait taper sur le ventre par l'un des archevêques du premier acte.

Lesdits artistes échangent à travers la grille divers brocarts avec des passants et ne sont pas insensibles à la politesse d'un spectateur. Le cardinal, qui a bien voulu accepter le bock d'un journaliste français, s'est laissé aller à un *couac* dans son grand air. J'ai ce *couac* à me reprocher.

Ne croyez pas cependant que ce sont là des cabotins méprisables. L'acteur qui joue Eléazar a une voix splendide, et le public lui a fait un succès comme on n'en voit pas à Paris. Rachel, en hongrois *Réca*, est une fort jolie personne, mais dont l'embonpoint un peu trop turc n'a rien de poétique. Quant à Léopold, il a l'air d'un maçon endimanché.

L'opéra de Pesth jouit d'un corps de ballet dont

les danseuses n'ont plus de taille. Ce sont des ton-
neaux vêtus de gaze, et coiffés de fleurs. En revanche, la première danseuse est maigre à elle
seule pour tout le reste des coryphées.

Halévy est un nom qui semble fort goûté à
Pesth ; quand ce n'est pas l'oncle, c'est le neveu.
Vous direz à mon ami Ludovic que j'ai vu jouer
Tricoche et Cacolet en hongrois. La pièce y perd
beaucoup ; le quatrième acte surtout échappe à
l'intellect des enfants du Danube. Il faut dire aussi
que la fameuse partie de beuillard est remplacée
par un aimable domino.

J'ai hésité jusqu'ici à faire un peu de pédan-
tisme, il le faut cependant, dans l'intérêt de mes
concitoyens.

Nos romanciers et nos dramaturges ont souvent
parlé des *magyars*. Quand le mot magyar vient
sur les lèvres d'un Parisien, il croit devoir dire
« un magyar hongrois. » Pour les Français, un
magyar est un grand seigneur de Hongrie, un
gentilhomme du cru, un vieux suzerain à trois
chevrons et à trente-deux quartiers.

Erreur, mes frères ! Magyar est tout simplement un adjectif qui veut dire hongrois. Le mot hongrois n'existe pas en langue hongroise. — *Magyar frordo'k* veut dire *Bain hongrois*. Tout homme né en Hongrie, est *Magyar*, et quelqu'un qui vous dit : *Je suis Magyar*, n'a droit à aucun respect, à aucune admiration de votre part. C'est comme s'il vous disait : Je suis Hongrois !

C'est toujours par suite de l'erreur plus haut signalée que j'ai dit à un domestique de l'hôtel :

— Avez-vous des Magyars, à Pesth ?

— Comment, m'a répondu cet excellent serviteur, mais moi, je suis Magyar ! Tout ceux qui sont nés en Hongrie, sont Magyars !

J'avais cruellement offensé ce brave garçon, en doutant qu'il fût Magyar.

XII

La vie à Pesth. Mœurs et coutumes. La vie des hôtels. —
Le *Kaiser-Bad*. Les pères capucins. Un établissement de
bains modèle. — Les cabinets. Les écoles de natation.
Conseils à Eugène Paz. — La gymnastique navale. — Un
roman dans une baignoire. Le 4 et le 5. — Autres romans
du même acabit. — L'île Marguerite.

Pesth, 8 septembre.

La vie que l'on mène à Pesth est une vie poético-
sensuelle. On y mange beaucoup, on y boit sec et
on s'amuse à l'avenant. La population est intelligente, elle travaille vite et beaucoup, gagne en
proportion et dépense facilement. Les restaurants
sont toujours pleins ; on y trouve la population
mélangée qui est propre à toute ville située au
centre de plusieurs nations. L'Orient et l'Occident
se confondent autour de la même table.

8.

On vit facilement et gaiement. Cette promiscuité de tous les peuples de la terre a engendré une sorte de facilité de mœurs qui n'est pas de la corruption, mais qui y ressemble. C'est plutôt une corruption extérieure; car, au fond, nul peuple n'est plus énergique, plus sobre et plus vertueux que le Hongrois. L'amour et l'orgueil de leur pays sont pour les Magyars des boucliers inaltérables.

C'est plutôt dans la population cosmopolite qui traverse continuellement Pesth qu'on peut observer cette quasi dissolution morale que je signalais plus haut.

Dans les hôtels et dans tous les hôtels, on est frappé des facilités peu déguisées dont se sème la vie des voyageurs. On rencontre dans les escaliers des visages féminins qu'on a l'habitude de rencontrer ailleurs que dans les rues à Paris. Un voyageur n'a pas encore eu le temps de quitter ses bottes que les propositions les plus étranges lui arrivent de tous côtés. Le cicérone italien, qui peut s'appeler d'un autre nom, si l'on veut, n'est rien à côté du cicérone hongrois, homme charmant du reste, aimable causeur, très-instruit, ayant voyagé, complaisant et fier.

Si vous allez à Pesth, on vous conseillera de visiter le *Kaiser Bad*, en hongrois *Scazar Fürdôk*, en français, *Bain impérial*.

Ce merveilleux bain est situé sur la rive droite du Danube, en amont d'Ofen; il est construit sur des terrains appartenant à une honorable confrérie de dignes capucins. Ces capucins habitent un superbe couvent au pied de la montagne; ils sont riches à millions, leurs fermes et le *Kaiser Bad* leur donnent cinq millions de revenus en florins, c'est-à-dire douze millions de francs. Ce chiffre étonne peu quand on saura qu'en Hongrie le clergé a encore tous ses biens.

Ces capucins passent pour d'heureuses gens. Mon guide est un libéral, et il n'aime pas ces pauvres capucins.

—Ah ! Monsieur, me disait-il, ce ne sont pas des capucins comme chez vous; ils ne vont pas nu-pieds, ils ont de bonnes bottes ; ni nu-tête, ils ont de bons chapeaux; ils ne se nourrissent pas d'herbes et de salade, ils absorbent de bons bifstecks; ils sont gros et gras et ils confessent les plus jolies femmes de Pesth.

Je vous demande pardon de cette franchise brutale; mon devoir d'historien est de tout dire. Je crois même qu'en cette occasion je ne fais que traduire.

Nous entrons dans l'établissement thermal. Il se compose d'une série de jardins encadrés dans un bâtiment fort beau. Le premier jardin contient des tables; c'est le restaurant. On peut déjeuner, dîner et souper. Quant il pleut, on se retire sous les portiques environnants. Aux étages supérieurs du bâtiment se trouvent les cabinets de bains; il y en a à une baignoire et à deux baignoires. Les baignoires sont en marbre ou en zinc, au choix du baigneur. Les cabinets sont grands, ponvant communiquer entre eux, et sont garnis d'un canapé en cuir et d'une table où l'on peut manger.

Les robinets sont approvisionnés d'eau par la source elle-même, il n'y a pas de réservoirs à eau chaude et à eau froide. L'eau naturelle sort d'une source et varie de 25 à 35 degrés. C'est une excellente chaleur pour un bain, et l'eau est admirable de limpidité.

Je reviendrai sur ces bains tout à l'heure.

Dans le jardin où l'on dîne, il y a un orchestre en permanence. On se baigne au son de la musique ; une partie du jardin est dallée ; on y danse. Il paraît que cet exercice est très-hygiénique après un bain prolongé.

Franchissons une porte ; nous voilà dans un autre jardin. Deux petits enclos en planches se partagent son étendue. L'un de ces enclos est couvert, c'est l'école de natation des dames ; l'autre, non couvert, est réservé aux hommes. C'est là que nous sommes entrés.

L'école de natation est une immense piscine artificielle, courant sur un plan incliné de façon à permettre aux nageurs timides de se risquer hardiment et aux intrépides plongeurs de se lancer à corps perdu.

Le côté réservé aux intrépides plongeurs est merveilleusement agencé. Si un entrepreneur parisien faisait exécuter une pareille école de natation, il aurait un succès fou.

Figurez-vous le gymnase Paz dans l'eau. Plusieurs palettes transversales soutiennent des trapèzes , des balançoires , des syrènes , pas de géants, des cordes à nœuds , des échelles, en un mot tout ce que la gymnastique a jamais inventé.

De tous ces points les baigneurs piquent des têtes, font des culbutes, se laissent tomber, se relèvent, se balancent, etc., etc. On s'amuse et on se baigne, on nage et l'on se fortifie : on est aussi bien hors de l'eau que dans l'eau , et tour à tour l'athlète se transforme en plongeur, et le plongeur en athlète.

Des professeurs de gymnastique se mettent à la disposition des baigneurs. A la moindre négligence d'un élève, ils le jettent à l'eau et vont le repêcher. La galerie bat des mains et tout le monde s'amuse.

O Eugène Paz, si tu lis ces lignes, fais-en ton profit. Demande une concession de bains sur la Seine et transportes-y une partie de ton matériel de gymnase. Quelle fortune !

J'ai minutieusement décrit les bains privés du

Kaiser Bad, et je n'ai point fini. J'éprouve à continuer mes observations une difficulté que le public appréciera. Il faudrait pour tout dire une délicatesse de plume, une légèreté de style qu'on ne peut raisonnablement demander à un voyageur toujours pressé par l'heure du train.

Je vais procéder par comparaison. Le *Kaiser Bad* c'est la maison du baigneur de Paris, sous Louis XIII. On y donne les rendez-vous galants. C'est là que se font et se défont toutes les intrigues de Pesth, et il est difficile d'en démêler quelque chose.

Un rendez-vous est-il pris, le chevalier part en bateau, aborde au *Kaiser Bad*, réclame le cabinet n° 4, au premier étage, pour une certaine heure.

Le garçon de service, qui connaît le client, sourit avec malice et prépare le cabinet.

Soudain, par le tramway, arrive une jeune soubrette ou une vieille matrone qui demande au même garçon de réserver le n° 5. Nouveau sourire du garçon.

A l'heure dite, le chevalier arrive, son bain est

prêt ; on lui monte une bouteille de champagne au cabinet n° 4, et la porte se ferme.

Un quart d'heure après, la marquise descend de voiture, s'introduit dans le cabinet n° 5.

Inutile d'ajouter que la porte de communication intérieure, entre les deux cabinets, a été préalablement ouverte par le malicieux garçon.

L'orchestre continue à jouer une valse de Strauss.

Ainsi se passe la vie au *Kaiser Bad*. Un hôtel est contigu aux bains, contenant trois cents chambres et servant aux familles dont la santé ou le goût les invite à passer la belle saison en cet endroit charmant.

Il est d'usage, quand on quitte [le *Kaiser Bad*, de traverser en bateau à vapeur et d'aller prendre le café à l'île Marguerite, située au milieu du Danube, dans une situation ravissante. Figurez-vous l'île de Croissy, desservie par un tramway et plusieurs bateaux à vapeur, semée de cafés élégants, éclairée au gaz, où l'on danse le soir, agrémentée de plusieurs orchestres qui se renvoient leurs harmonies comme sur une raquette ; tout cela plein de monde, fort joyeux, fort bruyant.

Il y a aussi des bains dans cette île enchante-
resse ; mais si beaux qu'ils soient, ils ne peuvent
se comparer au *Kaiser Bad,* si mystérieux, si
confit en douceur, et que ne surveille que de loin
la benoîte tolérance des bons pères capucins.

Pesth, le 9 septembre.

Paulo majora canamus.

— Et m'autorisez-vous, dis-je au personnage officiel qui m'avait honoré de sa bienveillance, à reproduire les confidences que vous venez de me faire ?

— Non, me répondit-il, je vous en prie ; mais rien ne vous empêche de les noyer habilement dans le cours d'une lettre et de vous en servir, sans laisser deviner d'où elles émanent.

[1] Ce chapitre a été écrit au moment où l'on se préoccupait de la fameuse entrevue des trois empereurs, aujourd'hui oubliée. Si nous l'avons maintenu dans notre volume, c'est qu'il contient une manière de prophétie, qui nous a été faite par d'illustres politiques, et qu'il nous a paru curieux de l'enregistrer.

On continua à causer. Vers minuit, je pris congé.

— Surtout, me dit le général..., si vous allez à Pesth, n'oubliez pas de vous faire présenter à Deak. Vous connaissez Deak ? (Je fis un signe de vague affirmation). Deak est à la fois le Thiers et le Gambetta de la Hongrie. Il est plus que le roi, et M. Andrassy l'écoute et lui obéit. M. Deak est un Christ magyar.

Le général m'avait remis un mot d'introduction auprès de M. Balthazar Holwarth, ministre des finances à Pesth. Je fis visite à M. Holwarth pour le prier de me présenter à M. Deak ; M. Holwarth était à la campagne ; il m'envoya le lendemain une charmante lettre, mais à quoi pouvait-elle m'être bonne ? Je pris un parti énergique, j'envoyai ma carte à Deak avec quatre lignes flatteuses et j'attendis la réponse.

Deak demeure au même hôtel que moi ; il a le n° 55 et j'ai le n° 20. Qu'on ne croie pas que je sois un grand seigneur pour cela ! Le n° 20 est au premier, au soleil ; le n° 55 est à l'ombre. Étant arrivé de nuit, je ne me suis aperçu que le lendemain du traquenard odieux.

Deak me fait répondre qu'il sera enchanté de me recevoir le lendemain à dix heures. Le lendemain, à dix heures, je frappai à sa porte.

Deux mots sur Deak — aussi rapides que possible. Deak est le chef du parti libéral hongrois. Son rêve est l'indépendance de la Hongrie. S'il n'y est pas arrivé effectivement, il a touché son but de fort près ; c'est lui qui a signé, avec l'empereur Frantz-Joseph, la convention entre l'Autriche et la Hongrie ; il est le véritable roi du pays. Quand il parle à la Chambre, tout se tait et l'écoute. Le peuple l'acclame quand il passe ; deux rues et une place, à Pesth, portent son nom et celui de quelqu'un des siens. Un journal se publie à Pesth, sous le titre : *Matias Deak*. Il ne paraît pas encore à Paris le *Thiers*, journal quotidien, gazette de Versailles, etc., etc.

Le portrait de Deak est dans toutes les mains, son nom dans toutes les bouches, son culte dans tous les cœurs. C'est tout à la fois Daniel Manin, Jean Huss, Cromwell et Richelieu. Il pourrait être ministre en Autriche, il a refusé pour servir plus librement la Hongrie ; il a refusé d'être du gou-

vernement à Pesth, pour ne pas être entravé par
les intrigues et les coteries.

Il est Deàk, et c'est assez !

Quand j'entrai chez lui, il était assis sur un
canapé, entouré de sept ou huit députés de Hongrie. Deak s'est levé, m'a tendu la main ; je lui
débitai un petit boniment longuement préparé.
Après quoi, Deak me dit en allemand qu'il ne
comprenait pas le français ; mais il me présenta
un — et à un — de ses amis qui balbutiait quelque peu de notre belle langue.

Deak me donna un cigare, et la conversation
reprit en hongrois. Deak est un homme de cinquante ans, qui ressemble à s'y méprendre au
docteur Yvan, si connu à Paris. Il a la figure
pleine, franche, épanouie, de longs cheveux
soyeux et argentés, une fine moustache grison-
nante, la prestance du véritable chasseur magyar
et le parler sonore et harmonieux qui convient à
l'orateur. C'est un type, et surtout c'est un caractère.

Fort simple dans ses allures, il habite une
chambre d'hôtel pendant les sessions du Reichs-

tag hongrois. Autrement, il demeure chez sa sœur. Sa chambre est grande, mais modeste. Il porte le costume hongrois moderne, c'est-à-dire les bottes par-dessus le pantalon et la redingote boutonnée comme une tunique de collége, sans revers.

Peu à peu, les députés s'en allèrent; et je demeurai seul avec Deak et l'interprète. La conversation en souffrit, et, forcé de me servir d'un intermédiaire qui estropiait mes phrases ou les traduisait mal, je n'ai pu tirer de Deak toutes les pierres précieuses que je comptais enchâsser dans cette lettre.

Nous avons cependant parlé de M. Thiers. Deak l'admire beaucoup moins pour ses qualités politiques que pour son adresse à contenir un peuple aussi turbulent que le peuple français. Deak connaît beaucoup M. Thiers ; il a lu tous ses livres et tous ses discours. Il professe pour lui une grande estime.

J'ai osé risquer ce nom : Gambetta. Deak a eu de ces bons sourires bienveillants et narquois qui m'ont fait m'écrier : « Je n'insiste pas ! »

Deak, poussé par moi, m'a longuement parlé de M. Andrassy. Curieuse vie que celle de ce ministre, dont l'empereur François-Joseph a fait son conseiller intime. Traqué, jugé, condamné, pendu en effigie par les ordres de ce même François-Joseph, Andrassy est aujourd'hui premier ministre.

— Je vous en offre autant, dis-je à M. Deak, et au lieu d'un ministre je vais vous citer un souverain : c'est M. Thiers. Après avoir failli échouer aux élections devant un chocolatier, il a été hué, conspué, on a fait des charivaris devant sa maison, on l'a brûlée, et il est aujourd'hui président de la République française.

Nous avons décidé que M. Andrassy et M. Thiers étaient de la même valeur en politique. Deak a donné le premier rang à M. Andrassy, comme étant son ami. Je n'ai point fait le difficile, et j'ai déclaré que M. Thiers se contentait du second.

J'ai donc fait beaucoup de politique et j'ai entendu beaucoup de choses publiques et secrètes sur l'avenir de l'Europe. On m'a raconté également l'histoire de l'entrevue des trois empereurs. C'est fort curieux.

D'abord et dans le principe, il ne s'agissait nullement de la France. Bismarck, l'an dernier, a fait venir son empereur à Gastein, où se trouvaient déjà François-Joseph et Andrassy. Les deux ministres laissant de côté leurs deux souverains, ont causé.

Ils ont causé de la Russie qui les inquiète ou plutôt qui inquiète la Prusse, et Bismarck a persuadé à Andrassy que l'Autriche était encore plus menacée que la Prusse.

On aurait donc beau jeu de se réunir et de tomber à bras raccourcis sur cette pauvre Russie; la Prusse reprendrait les provinces de la Baltique et l'Autriche s'arrondirait et deviendrait la grande puissance du Midi, comme la Prusse la grande puissance du Nord.

Andrassy essaya quelques objections.

— Folie, répondit Otto de Schœnausen, (c'est-à-dire de Beaumanoir), la Russie n'est pas prête. L'Autriche l'est. Elle a de l'argent, des troupes et des armes. La Russie n'a que depuis deux mois les fusils à tir rapide ; de plus, ses chemins de fer, quoiqu'elle y travaille nuit et jour, ne sont pas près d'être achevés.

— J'y penserai, répond Andrassy, nous vous rendrons votre visite à Berlin.

Et il fut convenu que Frantz-Joseph irait voir son bon cousin Guillaume.

On n'avait pas invité le tzar, puisqu'il s'agissait de s'entendre sur sa future démolition : mais en revanche, M. Bismarck de Beaumanoir (*Schœnausen*) fit prier les rois de Bavière, de Wurtemberg et de Saxe à cette entrevue — alors des deux empereurs, — afin d'être sûr de tout son monde pour le grand hallali.

Le prince de Prusse alla lui-même visiter le roi de Bavière, qui, pour échapper au cartel, s'enfuit à mesure de château en château. La légende prétend qu'il se réfugia dans une partition de Wagner et que notre Fritz n'osa pas le relancer dans sa cachette.

Le roi de Wurtemberg, plus timide, envoya son fils.

Les autres, le menu fretin, mirent leurs beaux habits et s'en allèrent à Berlin.

Pendant ce temps, que faisait le tzar Alexandre?
Il réfléchissait, sentait le coup et voulait le parer,
car il savait qu'il serait battu à plate couture par
ses bons voisins. La Russie n'est pas prête, c'est
incontestable.

Le tzar, en souverain plein de malice, s'est invité au raoût des deux empereurs ; il est venu, et
naturellement on n'a pas parlé de lui. Il a joué
et il joue volontairement le rôle de gêneur. Il est
probable qu'alors ces Majestés vont causer de
M. Thiers, de M. Gambetta, de la République
française et de Hortense Schneider.

— Mais disent les gens bien informés, ce n'est
que partie remise. La guerre est imminente ;
l'Autriche y sera poussée et entraînée malgré
elle. Bismarck la cajole ; il a cinq journaux à lui
à Vienne. La *Neue freie Press* publie une fois par
semaine un article que les connaisseurs attribuent
à Bismarck lui-même. Le lendemain, la *Neue
freie Press*, avec une adorable naïveté, éreinte les
Prussiens de tout son cœur ; elle vend une colonne à Bismarck comme nous vendons notre
quatrième page au magasin du Louvre.

— Eh bien, dis-je à un Hongrois qui m'entretenait de tous ces sujets, vous aurez là une belle occasion de vous venger des Russes.

— Certes, et c'est avec plaisir que je taperai dessus, me répondit le Hongrois dans le plus pur français ; mais croyez-moi, cette guerre sera une bêtise. Bismarck nous f... dedans !

Je vous donne toutes ces suppositions comme certaines ; elles sont générales, l'opinion publique leur est favorable.

— Mais, ai-je dit à mon tour, la France est fort capable de voir jour pour une revanche et de s'allier à la Russie.

— Jamais le gouvernement français n'y consentira. Il saura que la Russie n'a aucune chance.

—Je vous réponds par cet argument, répondis-je en interrompant. L'opinion publique forcera le gouvernement, et on marchera.

— Ce serait un grand malheur, le plus grand de tous, et les journaux doivent, dès à présent, s'efforcer de faire comprendre au public le véritable intérêt de la question. Si la Prusse était battue, la France, fut-elle même triomphante de son côté, soutiendrait-elle l'effort de deux nations déchaînées contre elle ?

— Mais alors c'est la conflagration générale, le chaos, la tour de Babel, l'abomination de la désolation, le feu, le pillage, l'incendie !...

— C'est tout cela.

— Et quelle date fatale assignez-vous à la catastrophe.

— Le 1ᵉʳ mai 1874.

L'homme maigre me salua cérémonieusement, et je passai la nuit à me débattre contre un cauchemar où figurait M. de Beaumanoir, déguisé en diable.

Je me hâte de vous dire que rien n'est plus sérieux que cette lettre, malgré quelques plaisanteries regrettables, mais que je n'ai pas le temps de corriger.

Peut-être a-t-on déjà parlé de tout cela en France, mais, je vous le jure, on ne saurait trop insister.

XIV

La Hongrie. Cuisine et vins. — Le sterlet. — Les chevaux. — Les femmes. — Les Czigeuner ou Tsiganes. — Costumes nationaux. — Ce que c'est qu'une *scardas*.

Pesth, le 10 septembre.

La Hongrie est renommée pour ses vins, ses chevaux et ses femmes.

On peut juger des uns et des autres à Pesth. Les vins qui se traduisent en magyar par ce mot harmonieux : *Borœk,* ne sont pas bons : ils sont capiteux quand ils sont secs, et fades quand ils sont sucrés. Je laisse de côté le fameux *Tokai,* qui coûte des prix fous et n'est jamais authentique. Beaucoup de ceux qui en ont bu n'en font pas l'éloge. J'avoue que je n'ai point eu la curio-

sité d'y goûter. On vend à Pesth une si remarquable bière de Bohême, que je n'ai jamais voulu
boire autre chose. La nourriture hongroise comme
la nourriture allemande est une pâle imitation de
notre cuisine française. Les biftecks sont inima-
ginables, les côtelettes ont des apparences de semelles panées, et les omelettes sont fantastiques.

En revanche, le poisson du Danube est exquis :
on mange beaucoup d'esturgeon frais, du caviar
frais et du caviar confit. Ce dernier mets, tartiné
sur du pain et humecté de citron, est le régal des
gourmets hongrois. A Paris, le caviar est encore
presque une curiosité et les *caviaristes* se comptent.

Un autre poisson fort renommé à Pesth et sur
tout le Danube, c'est le sterlet. J'avais ouï parler
du sterlet dans les romans d'Alexandre Dumas,
où l'un des personnages, fort riche, et apprenant
que le sterlet ne pouvait pas se transporter en
France parce qu'il fallait le manger frais, dépen-
sait 100,000 francs pour faire venir de Russie un
sterlet du Volga tout vivant.

Le sterlet a le goût de la truite, mais de la truite

dure et résistante. Il a aussi l'inconvénient d'être enduit à l'intérieur d'une sorte de graisse couleur de safran qui déplaît à l'œil et indispose le goût.

Sans sortir du règne animal, nous avons une transition toute naturelle pour parler des magnifiques chevaux hongrois. Ils sont surtout merveilleusement attelés et conduits. Un attelage hongrois est un luxe à la fois national, pittoresque et rapide. Les voitures sont légères et ressemblent à des breaks peu compliqués; ce sont en quelque sorte de grands tilburys à quatre roues. Le cocher est debout sur un avant-train très-étroit. Vêtus du pittoresque costume hongrois, en drap bleu, à brandebourgs, chaussés dans de splendides bottes à l'écuyère, coiffés de cette calotte pittoresque à bords retroussés et lisérés de rouge, ils se penchent sur leurs chevaux et les excitent d'une façon particulière.

Les chevaux, qui sont attelés à deux, souvent à trois et quelquefois à quatre, trottent d'un pas allongé qui dévore la distance. Leur harnais est fort simple, et quand on les voit passer on croit qu'ils sont nus. C'est à peine si on voit le trait et la bride. Il y a dans tout cet attelage une légèreté et une grâce qui feraient fureur à Longchamps.

On a beaucoup vanté les Hongroises. A notre avis, les hommes sont beaucoup plus beaux que les femmes. La race hongroise est énergique, musculeuse, bien bâtie. Ces qualités font valoir les hommes, mais elles donnent aux femmes des proportions incompatibles avec le charme et la fragilité du sexe faible. Les femmes en Hongrie sont des hommes manqués.

Une fois cette réserve faite, on peut dire qu'il y a à Pesth, spécialement, des femmes admirables, grandes, l'œil très-ouvert, les formes très-accusées; elles marchent hardiment, portant avec majesté leurs cheveux noirs et montrant, au moindre mot, leurs trente-deux dents bien blanches et bien régulières.

Il paraît que l'hiver, les jolies femmes de Pesth sont communes comme les pavés dans les rues. Les papetiers exposent à leur vitrine de larges cadres remplis de photographies, qu'on ne peut s'empêcher de regarder avec plaisir. J'ai vu, dans les quelques jours que j'ai passés à Vienne, deux ou trois cents têtes plus jolies les unes que les autres. Quant aux originaux, il aurait fallu aller les chercher dans tous les bains de mer de l'Italie et dans toutes les villes d'eaux de l'Allemagne.

Mais la saison n'est pas favorable aux touristes qui veulent connaître la société d'une ville : on ne peut recueillir que des impressions lointaines, et on n'observe que des mœurs populaires. Cependant j'ai vu quelque chose dont on parle à Paris et qui y ferait sensation.

Ce sont les *csigeuner* — que nous traduisons en français par les *tsiganes*; figures pittoresques qui traversent les provinces du Danube, ce sont des familles, que dis-je? des tribus bohémiennes, chantant et dansant pour quelques florins les vieilles danses de l'Orient.

Les tsiganes sont plutôt encore des bohêmes que des Bohémiens. Ils portent le costume national des premiers, tel que nous le voyons peint dans les tableaux de Léopold Robert. Les femmes sont vêtues en péricholes mauresques : mouchoir bariolé autour de la tête, jupon rayé de couleur, ouvert sur un côté et laissant voir la jambe nue, depuis le genou jusqu'à mi-cuisse ; le corsage est un méli-mélo de toutes les couleurs ; il couvre l'un des seins entièrement et s'échancre sur l'autre avec une candeur tout égyptienne. Les tsiganes sont très-brunes, presque noires ; mais elles ont la physionomie très-nette, le nez droit, les lèvres petites et rouges.

Les hommes ont un aspect sinistre. On ne remarque en eux que des haillons pittoresques, mais des haillons : un grand chapeau et un vaste manteau.

Ils s'attablent et jouent sans musique leurs airs nationaux et leurs danses favorites. Ces danses s'appellent des *scardas*, qu'il faut prononcer *Chardaches*. Elles sont fort curieuses et très-passionnées. Dans l'intérêt de mes lecteurs, j'ai prodigué les florins pour obtenir une *scardas*, et je n'ai point regretté ma générosité.

Les musiciens se sont mis à jouer une sorte de mélopée traînante, où la même phrase musicale est souvent répétée avec une persistance qui finit par énerver l'auditeur. Les cordes des violons grincent à la fois le même motif et n'en sortent plus; ils y reviennent constamment en insistant, en diminuant, en allongeant, en augmentant le mouvement. Cette espèce de scie criarde, de chant plaintif, amène les résultats les plus étranges. Les danseurs semblent douloureusement affectés, leurs yeux s'allument, leurs nerfs se tendent, et ils se livrent alors à des mouvements frénétiques qui donnent une idée de ce que peut être la danse des derviches tourneurs.

Cependant la *scardas* est tout à fait gracieuse. Les femmes dansent, la main gauche appuyée derrière la tête et la main droite fixée sur la hanche. Elles frétillent en mesure et sur place ; leurs talons et leurs jambes s'agitent dans un frémissement continuel; leurs hanches ont, sous le jupon qui les couvre, des mouvements de passion presque impudiques ; c'est en quelque sorte un cancan naïf et sur place; c'est un *chahut* grave (j'en demande bien pardon à mes lectrices).

Ajoutez à ce tableau des cheveux qui se dénouent, des yeux qui se ferment, une bouche entr'ouverte avec un sourire sensuel, et vous aurez une faible idée de la *scardas*. Le rôle de l'homme est de faire vis-à-vis à sa danseuse en imitant ses contorsions dans une pose analogue et ensuite de la recevoir dans ses bras quand elle y tombe épuisée.

Je me suis expliqué alors cette psalmodie monotone et cet éternel grincement de plusieurs chanterelles.

On arrive ainsi à agir puissamment sur les nerfs, à les irriter et à provoquer cette espèce d'attaque de nerfs dansée, qu'on appelle la *scardas*.

X V

De Pesth à Bazias. — Les Serbes. — Ail et dévouement. —
Le bateau l'*Albrecth.* — Le Danube. Paysages. Les Portes
de fer. — Turno Séverin. — L'Orient. — Rêveries orientales. — Le docteur Demarquay. — Le docteur Ricord. —
La princesse Giska. — Les Valaques. — Madame C***. —
Les Parisiens sur le Danube. — Où il est parlé de *Julia
de Trécœur*, de mesdemoiselles Pierson et Massin, de
H. de Pène, de votre serviteur. — Giurgewo et Rutschouck.

A bord de l'*Orient,* sur le Danube, le 12 septembre.

Nous voilà en route pour Constantinople. De
Pesth à Bazias, c'est une nuit en chemin de fer.
On dort et l'on arrive. Au lever du jour nous
franchirons les dernières limites de l'Occident,
déjà nous avons quitté les races saxonnes et lati-
nes, et les premières personnes qui nous saluent
sont des Slaves. Ils sont reconnaissables à leur

figure écrasée, et surtout à une terrible odeur
d'ail rance qu'ils laissent échapper de toutes parts.
Un kilomètre avant Bazias, cette odeur s'était déjà
répandue dans le wagon ; à Bazias, notre portière
a été ouverte par un grand diable de Serbe, habillé d'une blouse de coutil et d'un pantalon qui
laissait voir au travers une peau hâlée par le
soleil.

Le bateau se met en marche, nous en avons
pour trente heures et il faudra changer de bateau
plusieurs fois, à cause du passage des portes de
Fer. Les eaux sont basses dans cette région du
Danube et on nous embarque sur l'*Albrecht*. Il y a
beaucoup de monde, des Français, des Anglais,
des Allemands, des Valaques et des Turcs. On se
bouscule, on se bat, on se dispute les couverts de
table, et tout finit par s'arranger. Le bateau est,
en effet, petit, mais il faut patienter jusqu'à
Turno-Severin, où nous attend l'*Orient*, magnifique steamer de la compagnie du Danube.

Après le déjeuner, il faut monter sur le pont et
contempler les merveilleux panoramas qui se déroulent devant nous. Nous entrons dans les Kar-

pathes, que le Danube coupe en deux. Le fleuve
coule majestueusement, bordé par d'immenses
montagnes à pic, parfois boisées, mais le plus souvent dévastées et brûlées par le soleil. Parfois le
défilé se rétrécit et le fleuve bouillonne, mal à
l'aise entre deux rochers ; parfois les montagnes
s'écartent et forment au Danube un immense lac
dans lequel il distribue ses eaux à perte de vue.
Ces changements à vue se renouvellent incessamment. Pendant deux heures nous franchissons
ainsi des lacs et des détroits, sillonnés de petites
barques et de felouques fièrement mâtées.

Dans un de ces passages se trouvent les fameu-
Portes de fer. On croit généralement que ces trois
mots désignent deux vastes montagnes, à peine
séparées par le Danube, et qui ferment en quel-
sorte le chemin de l'Occident vers l'Orient. Les
Portes de Fer ne sont autres qu'un lit de rochers à
fleur d'eau, sur lequel le bateau glisse avec des
précautions infinies, et qui se trahissent aux yeux
du voyageur ému par des pointes acérées ou des
remous vertigineux qui font danser le steamer
comme les vagues de la mer pendant l'ouragan.

C'est fort beau et fort grand. De loin, au milieu de ce large fleuve paisible, on aperçoit venir ces petits Charybdes et ces petits Scyllas qui grondent sous nos pieds; on les traverse en frémissant. Les pilotes sont courbés sur la roue; deux matelots sont à la proue, penchés sur l'abîme, et sonnent la cloche à tout instant pour prévenir les pilotes et leur imprimer une direction. Le bateau glisse, on entend parfois sa quille s'érafler sur une roche plus aiguë ou glisser sur une matière dure. Enfin les premières portes sont franchies. Le passage est si difficile que parfois, quand les eaux sont tout à fait basses et laissent tous les écueils à découvert, on fait descendre les voyageurs, qui prennent la route de terre dans des voitures spéciales et regagnent un autre bateau qui chauffe en deçà des secondes Portes de fer.

Celles-ci sont plus vastes et plus périlleuses que les premières. Nous les traversons avec le même bonheur. Elles servent de limite entre l'Occident et l'Orient, l'Autriche disparaît dans le lointain. A droite c'est la Turquie, avec ses vallons fertiles; à gauche, c'est la Roumanie, aux prairies plates, mais qui produisent des céréales pour le monde entier.

Dès lors la nature n'a plus de droit à la curiosité. Le Danube, admirable de largeur et d'étendue, se développe fièrement entre deux plaines accidentées de quelques monticules. Nous arrivons à Turno-Séverin, première ville moldo-valaque, et nous montons sur l'*Orient*.

Il faut mentionner la merveilleuse organisation de cette navigation danubienne. La compagnie du Danube, comprenant tout l'avenir de ce fleuve, seul chemin naturel et rapide entre l'Orient et l'Occident, route éternellement ouverte qui fait communiquer l'Allemagne, la Russie, la Turquie, la Roumanie et la Grèce, a créé un service de bateaux à vapeur comme il n'en existe sur aucun fleuve.

Les bateaux sont immenses et sont habilement agencés; on y dort dans de véritables lits et on y mange comme au Grand-Hôtel. Quoique fort ami du progrès, je regrette les projets de chemins de fer que l'on étudie et qui mèneront rapidement les voyageurs en Orient. Il n'y a rien de plus beau, de moins fatigant et de plus pittoresque que cette promenade sur le Danube au milieu du comfort le plus britannique.

Après avoir disputé nos lits et nos couverts comme devant, nous finissons par nous installer. Après le dîner, il faut aller s'établir sur le pont dans un fauteuil comme aux Champs-Élysées, et se laisser bercer par la vague en regardant devant soi. Voilà bien la véritable nuit orientale, constellée d'étoiles, tiède et parfumée, qui fait rêver et qu'on regrette.

Demain matin, nous passerons la journée sur ce bateau : on cherche déjà les figures sympathiques avec lesquelles on fera connaissance et on passera le temps de la traversée. En attendant, il fait nuit, la brise fraîchit, il faut se coucher et dormir.

Au lever du jour je monte sur le pont. Le soleil commence à dorer l'horizon. Malgré moi je pense à l'Aurore aux doigts de rose, et je ne puis m'empêcher de trouver la métaphore extrêmement exacte.

Un homme contemple l'horizon avec moi. Je le regarde, il me regarde. Je le reconnais.

— Comment! vous ici? m'écriai-je.

Nous nous serrons la main.

C'est le docteur Demarquay. Il est sur le bateau depuis hier; mais il y a eu tant de mouvements, d'empêchements et de changements que nous ne nous sommes pas vus.

Nous causons. A peine avions-nous échangé quelques impressions, qu'un autre personnage nous rejoint. Je reconnais le docteur Ricord, avec sa figure grave et douce, son sourire bienveillant et le charmant accent provençal qui donne tant de saveur à ce qu'il dit. Le docteur Demarquay nous présente au docteur Ricord. Allons, décidément, le Danube est un joli fleuve et l'on y passe des journées charmantes.

Les deux docteurs vont à Constantinople; ils ont quitté Paris le 31 août et sont venus par la Suisse, le Spluegen, Venise, Trieste et Vienne. Ils nous racontent l'accueil qui leur a été fait partout et notamment sur le bateau, dont bon nombre de Valaques font depuis la veille les honneurs aux illustres maîtres.

Les journaux de Paris ont annoncé le départ

du docteur Ricord, et ont fait suivre l'entrefilet d'une série de mystérieux points d'interrogation. Il n'y a pas de points d'interrogation dans toute cette affaire. Le docteur Ricord, poussé et décidé par son ami M. Demarquay, s'est arraché à ses consultations et a voulu se reposer, en voyant du pays. Il va à Constantinople par petites journées, en prenant le plus long, et compte revenir à Paris par la Grèce et l'Italie. Le docteur Ricord ne veut plus entendre parler de médecine, il veut s'amuser, bien manger et bien dormir.

Les heures se passent à faire causer le docteur Ricord, qui se dispute à chaque instant avec son ami Demarquay, lequel s'est érigé en bienveillant Mentor de ce Télémaque plein de verve et de gaieté. Pendant ce temps, notre cercle s'est augmenté; les Valaques dont j'ai parlé plus haut ont quitté leurs cabines et sont venus nous rejoindre. On nous présente. Nous trouvons une véritable société de Français. Tout ce monde vient de Paris ou a habité Paris longtemps, il est Parisien de cœur et d'esprit, il soupire chaque fois que le mot boulevard est prononcé et s'enthousiasme, si l'on en vient à émettre quelques idées sur le bois de Boulogne ou la dernière pièce de Sardou.

— N'est-ce pas, dit le docteur Ricord, qu'on croit être sur la Seine, dans le bateau de Saint-Cloud, avec des Parisiens pur sang? Tenez, ce village là-bas, c'est Suresnes ; ce bois, c'est le bois de Boulogne.

— Et ces Turcs? lui dis-je.

— Ce sont des Turcs de carnaval, des canotiers qui se sont déguisés en Turcs.

La dernière venue est une dame aux traits distingués, bien connue à Paris et veuve depuis quelques années. C'est la princesse Ghika, qui revient à Bucharest pour régler quelques questions d'intérêt, et aspire après la France qu'elle a quittée depuis quelques semaines. Femme instruite, toujours jeune et d'un esprit charmant, Française de naissance et Parisienne de goût, c'est à elle que je dois tous les détails que je compte vous donner sur la Valachie, et notamment sur Bucharest.

Elle se plaint de n'avoir pu dormir, à cause d'un terrible voisin qui ronflait plus fort que la machine. Après avoir très-spirituellement plaisanté l'importun musicien :

— Madame la princesse, lui dit M. Ricord, c'est moi qui ai troublé votre sommeil ; je vous offre tous mes regrets.

M. Demarquay, également accusé par son compagnon de ronflement subversif, se défend énergiquement. Cette lutte de la Faculté, quoique courtoise, se passionne, mais gaiement.

— Messieurs les docteurs, leur dis-je, réservez-vous pour l'Académie de médecine.

On se calme, on cause. Je regrette de ne pouvoir vous rapporter textuellement le récit que nous a fait le docteur Ricord de son odyssée nocturne.

Les deux docteurs ont eu en partage une cabine à deux lits superposés ; le docteur Demarquay, en qualité de cadet, a dû monter sur le lit supérieur et s'est livré, pour ce faire, à une gymnastique de matelot en détresse. Le malheur a voulu que cette cabine fût en même temps la retraite choisie par les insectes les plus désagréables de la terre et contre lesquels la médecine est impuissante.

M. Demarquay, extrêmement tourmenté, a dû
se lever plusieurs fois pour rallumer sa bougie,
et, par conséquent, recommencer ses exercices
funambulesques, en chemise et sur le corps du
malheureux docteur Ricord, qui ne cessait de lui
crier :

— Mais qu'avez-vous donc, mon cher Demarquay? Êtes-vous malade?

Nous déjeunons et nous dînons tous à une table
spéciale, que président la princesse et le docteur.
Les repas sont gais, les deux docteurs émerveil-
lent leurs auditeurs par leur entrain et leur bonne
humeur. Ma voisine, une charmante Valaque, me
dit : « Je ne croyais pas que les médecins fussent
si gais! » — Les médecins ne sont jamais gais, lui
dis-je. Mais les chirurgiens, c'est différent. Ils ont
tellement l'habitude de couper les jambes et de
scier les bras, qu'ils font tous leurs efforts pour
échapper à ces tristes souvenirs.

C'est bien décidément Paris sur le Danube.
Nous prenons le café sur le pont. On se croirait à
la cascade. Il n'est plus question que de Paris.
Une conversation s'engage sur le livre de Dumas,

l'Homme femme, dans lequel le docteur Demarquay pourrait bien avoir jeté quelques idées.

Nos Valaques connaissent tout de Paris, ils ont tout lu. Madame C., ma voisine de table, qui soupire chaque fois que l'on parle de Paris, me raconte le nouveau roman de Feuillet, *Julia de Trécœur*, qui venait de paraître quand je suis parti. Nous sommes à sept cent cinquante lieues de Paris. A chaque station nous voyons des minarets et et des Turcs, et nous entendons parler français, mieux encore, parisien, par de véritables Parisiennes qui causent des toilettes de mademoiselle Pierson et mademoiselle Massin, et qui nous racontent les dernières pièces qu'elles ont vu jouer à Paris.

— Et vous, monsieur, me dit madame C., continuerez-vous au *Paris-Journal* vos silhouettes parlementaires?

Je vous passe les épithètes flatteuses, et je réponds au hasard un certainement, plein de surprise.

— Et vos lettres de voyage? Vous savez que je les suis avec beaucoup d'intérêt? J'en suis restée à l'aventure du ténor italien.

— Je vous félicite de retourner à Bucharest, madame, lui répondis-je avec modestie. Au moins vous ne lirez pas la suite.

— Je vous demande pardon. En arrivant, je trouverai tous mes journaux de Paris. Croyez-vous que nous puissions vivre à Bucharest sans le *Figaro*, le *Gaulois* et le *Paris-Journal?*

Sur ce terrain, la conversation devient de plus en plus parisienne.

Weiss est très-apprécié en Valachie. Qui est Loustalot? m'a-t-on demandé. Et M. de Pène, quel homme est-ce? m'a dit madame C... — C'est un homme charmant, ai-je répondu. — Je le savais ! me fut-il répliqué.

Les Valaques sont très-curieux de toutes les choses de Paris et de tous les hommes dont le nom a quelque notoriété.

Malheureusement, nous arrivons à Rutschouck, la véritable première ville turque du voyage. Les deux docteurs nous quittent les larmes aux yeux, et embrassés par trente Valaques qui se font un devoir de leur porter leurs cannes, leurs pale-tots et leurs sacs. Le docteur Ricord nous fait mille

.nvitations à venir avec lui. D'autre part, les Valaques veulent nous entraîner à Bucharest. On *se nous* arrache. Ici les deux docteurs Demarquay et Ricord, avec leur charmant esprit et leur conversation si facile et si distinguée ; là, l'affabilité, la courtoisie et les offres d'une hospitalité plus qu'écossaise, — valaque, c'est tout dire, — qui nous sont faites par les voix les plus séduisantes ; les notes que l'on, me promet pour une des lettres les plus intéressantes ; la perspective de retrouver nos deux docteurs à Constantinople dans quelques jours... ma foi, nous nous décidons pour Bucharest. — Le journal avant tout, ai-je dit au docteur Ricord. M. de Péne ne me pardonnerait pas d'avoir négligé de découvrir Bucharest.

Le bateau vire sur lui-même, un coup de sifflet retentit. Nous voyons de loin le docteur Ricord que l'on mène chez le pacha de Rutschouck, tandis que nous abordons à Giurgewo, où l'on nous transporte à force de bras dans un wagon qui roule vers Bucharest.

XVI

Bucharest, 14 septembre.

En mettant le pied en Orient, nous sommes entrés en plein conte des *Mille et une Nuits*. Vous
m'avez laissé sur la route de Bucharest, entraîné
par les séductions d'une nuée d'aimables Roumains. Depuis lors, nous vivons dans une sorte
de rêve, dans un simulacre de féerie, au milieu
de changements à vue et de trucs près desquels
ceux du Châtelet ne sont rien. Perdus dans un
tourbillon d'illusions et de chimères, nous som-

mes le jouet de quelques génies bienfaisants qui
nous promènent de merveilles en merveilles, sans
nous permettre de respirer ou de nous reconnaître,
et qui nous transportent d'apothéoses en apothéoses, sans nous faire grâce d'un feu de Bengale, sans nous épargner une dentelle.

Le génie qui préside à nos destinées s'appelle
terrestrement Ulysse Cretziano. Comment s'ap-
pelle-t-il dans le royaume des génies? *Fardakenbras*,
sans doute, ou le *Sorcier magnifique*, ou *Fortunatus*,
ou *Merlin l'Enchanteur* De prime-abord, nous l'a-
vions surnommé le Brésilien de la Roumanie.
Il paraît qu'à Bucharest il est connu sous le nom
du comte de Monte-Christo.

J'insiste sur ces détails, parce qu'Ulysse Cretziano est un Parisien avant tout, et que les lignes
que je lui consacre rappelleront à plus d'une mémoire masculine et féminine le somptueux étranger qui, il y a deux ans, donnait au café Anglais
des soupers où les serviettes étaient roulées dans
des ronds en or, et où les noisettes que cassaient
les jolies dents rendaient des perles et des tur-
quoises.

Ulysse Cretziano ne s'est pas gêné avec nous.
Il nous a dit tout simplement : « Voici une baguette magique, je vous la confie. Chaque fois
que vous aurez un souhait à former, vous l'agi-
terez en vous écriant : « Ulysse! Ulysse! » Dans
les moments périlleux, vous pourrez ajouter :
« Cretziano » et aussitôt votre vœu sera ac-
compli. »

C'est ainsi que nous avons vécu depuis trois
jours. Grâce à la baguette d'Ulysse, nous avons
été entourés d'un bon nombre de farfadets pleins
d'esprit, de cobolds complaisants et de sylphes
soumis à nos moindres volontés.

En somme, depuis trois jours, nous vivons dans
l'enchantement. Les tableaux succèdent aux tableaux, les ballets aux ballets, les splendeurs aux
splendeurs. Je profite d'un entr'acte pour vous
écrire ces quelques lignes.

Dès notre arrivée à Bucharest et comme nous
manifestions quelques craintes de ne pas trouver
des voitures à la gare, le sorcier Ulysse ouvrit la
portière, fit un signe, et un homme habillé d'un
costume officiel monta dans notre compartiment.

C'était le préfet de la ville. Il venait au-devant du train et nous annonça qu'une voiture spéciale nous attendrait à la porte de la station.

Nous arrivons, nous montons en voiture, tandis que les autres voyageurs couraient dans la boue à travers les rares véhicules qui se refusaient à leurs sollicitations. La voiture part à fond de train, indifférente au pavé très-inégal de la ville de Bucharest, et craquant d'une façon inquiétante. Ce premier *truc* n'a pas réussi. Au bout de deux cents pas, un horrible cahot nous renverse, la roue se casse, ma malle saute à quinze pas, je saute derrière elle et Henri roule pêle-mêle avec sa valise. Nous voilà dans une rue de Bucharest, à minuit, seuls au monde et assis sur nos malles.

Notre cocher avait fouetté ses chevaux et repris son chemin sur trois roues.

Après un bon quart d'heure de pénible réflexion, je me souviens de la recommandation d'Ulysse. Le cas étant grave, je m'écrie : « Cretziano! Cretziano! » Aussitôt passe une voiture à vide ; nous hélons le cocher. Il résiste ; nous reprenons à tue-tête : « Cretziano! Cretziano! » et le cocher dompté nous aide à porter nos malles et fouette ses chevaux.

Dès lors les machinistes n'ont plus fait une faute. Dès le lendemain l'enchantement a commencé. Je suis encore sous le coup de la féerie, et je ne parlerai de Bucharest qu'une fois sorti du charme qui m'enveloppe. Je me contente de vous narrer mon aventure.

Le soir, à cinq heures, nous descendons. Une superbe voiture est à la porte. Le cocher, qui nous aperçoit, descend de son siége. « Cette voiture est pour vous, messieurs, nous dit-il, et je dois vous conduire chez Ulysse Cretziano. » Nous nous laissons faire. Cinq minutes après, — car la voiture dévorait l'espace et nous la poussière, — nous sommes introduits chez notre sorcier. Nous croyons entrer chez un millionnaire parisien. Les meubles sont de Paris, les services sont de Paris, les tapis ont été fabriqués à Paris et le cuisinier est de Paris.

Nous nous mettons à table. Les plats français et les vins français circulent autour d'une table somptueusement servie. Ulysse Cretziano a réuni

avec nous l'élite des jeunes gens de la ville. Tous
élèves à Paris, parlant le français le plus pur, ha-
billés, coiffés, gantés, chaussés à Paris, aimant la
France, ne lisant que les journaux français, ils
ont entrepris de faire de Bucharest un Paris de
l'Orient, et ils y ont réussi merveilleusement. C'est
un Paris naissant, plus matérialiste, plus pressé,
plus frivole, mais moins blasé que le Paris parisien.

Après le dîner, plusieurs voitures attendent les
convives. On nous enlève, on nous porte sur des
coussins et nous sentons la voiture filer au triple
galop. On s'arrête. Nous voici au jardin public
de Bucharest, chez Rapscka. C'est le Mabille de
Bucharest. On n'y danse pas, on s'y promène.
Deux orchestres jouent à tour de rôle les valses
les plus nouvelles, les polkas les plus renommées.

On consomme à toutes les tables, et on y coudoie tous les jeunes gens et toutes les femmes légères du demi-monde roumain.

En dix minutes, nous sommes présentés à la
phalange masculine qui fait la pluie et le beau
temps à Bucharest. Ils deviennent les génies in-

férieurs qui vont aider le grand génie Ulysse Cretziano. On nous demande, pour commencer, quelle musique nous voulons entendre ; Ulysse nous passe un crayon et nous dit : « Faites votre menu. » Il est impossible de résister. Nous sommes dans la main des fées. Nous traçons un programme. Je ne vous dis pas lequel. Après avoir écrit quelques noms de valses connues et d'opéras célèbres, on nous arrache le papier, on le passe au chef d'orchestre, et, pendant deux heures, nous entendons jouer par une excellente musique tous les airs que nous avions demandés.

Que vous dirai-je ? les tableaux se suivent et les enchantements se continuent. Vous dirai-je qu'à notre réveil le lendemain, le portier de l'hôtel est venu nous annoncer que M. S..., l'un de nos convives de la veille, mettait sa voiture à notre disposition ? Aujourd'hui, c'est le tour d'Ulysse Cretziano, que nous avons rencontré à pied tout à l'heure pendant que nous roulions dans son coupé. Il nous est impossible de manifester un désir sans le voir se réaliser. Comme à souhait, nous avons vu passer devant nous les ministres, les poëtes et tous les hommes célèbres de la Roumanie.

Parmi ces derniers, nous citerons le député. Grégoire Ventura. C'est chez Rapscka que nous avons fait sa connaissance. Le lendemain, il frappait à notre porte, nous arrachant pour quelques heures à la tutelle d'Ulysse Cretziano et nous faisant parcourir à son tour les mondes les plus étranges et les plus imaginaires.

Ventura est le type le plus curieux que l'on puisse voir. Type du pur Roumain, intelligent, prompt à s'assimiler toutes les questions, spirituel; en cinq minutes, il vous apparaît sous cent physionomies différentes. Doué d'une figure mobile, de deux yeux égrillards, d'une barbe de bouc en délire, à travers laquelle rayonne une bouche fine et brillent des dents blanches et aiguës, surmonté d'un crâne pointu et formant pain de sucre et qui a l'air d'un crâne à rallonges, destiné à contenir du trop-plein, Grégoire Ventura est tout à la fois député par ambition, journaliste par goût, auteur dramatique par désœuvrement, musicien par tempérament,

acrobate par gaieté naturelle, avocat par nécessité, poëte par plaisir, Français par l'esprit et
Roumain par le cœur. C'est le boute-en-train de
Bucharest, et il nous a fait passer une de ces
journées qui lui méritent toute notre reconnaissance.

Causeur infatigable et sémillant, il nous a
peint toute la Roumanie en quelques lignes, raconté son histoire et prédit son avenir.

Il tire au pistolet d'une façon surnaturelle.

Il joue du piano comme un professeur et au
besoin complète ce talent en ajoutant à ses deux
mains le secours d'un nez proéminent et plein de
dilettantisme.

Il fait la cuisine comme Alexandre Dumas.

— Et avec tout cela, lui demandai-je, quand
faites-vous de la politique?

— Je fais de la politique en riant, comme tous
ceux qui font de la politique, me répondit-il.

— Du moins, vous, vous y mettez de la franchise, ajoutai-je.

Ce Ventura vous représente le véritable type
du Roumain, homme du monde. Fou de plaisir,

pressé de jouir, épicurien jusqu'au bout des ongles, dépensant 200 francs par jour sans les
avoir, ne comptant jamais, courant la poste, toujours sorti, dînant, déjeunant et soupant au châ-
teau-lafitte et au champagne, dormant quatre
heures par jour, s'amusant le reste du temps, et
ne travaillant que quelques secondes par-ci, par-
là, entre deux contredanses, deux valses ou deux
parties d'écarté. Un Parisien succomberait à huit
jours de ce régime. Les Roumains sont doués
d'un tempérament de fer; ils s'amusent sans mesure, sans règle, sans réflexion. Bien moins servis par leur imagination que nous autres, parce
qu'ils sont plus primitifs, et par conséquent plus
forts physiquement, ils se laissent entraîner par
leurs sens et ne résistent pas. Ce sont en quelque
sorte des Parisiens de Gérolstein.

Chez nous, nation usée, il y a en quelque sorte
un effort pénible à faire pour s'amuser; les nerfs
sont souvent douloureusement tendus, il faut les
réveiller à force de raffinements; on rit avec tris-
tesse, on soupe avec gravité, on suit le courant
quelquefois à regret, mais il faut bien être à la

mode ; tandis qu'à Bucharest on s'amuse franchement. Le coffre est bon, selon l'expression, le cœur aussi et le reste à l'avenant. Le Parisien est égoïste, il veut s'amuser, mais pour lui seul. Les Roumains se mettent à plusieurs et ne s'envient pas leur plaisir; mais cette frénésie pour les jouissances matérielles, cette fièvre brûlante, cette activité dévorante qui absorbe, sans compter, les bals, le jeu, les soupers, les orgies, les fêtes et tout ce que peut rêver l'imagination la plus sardanapalesque, qui jette les louis sans compter, cet éternel mouvement vers la volupté irréfléchie, donne à Bucharest l'apparence d'un Eden hystérico-épileptique.

XVII

Rustchouck, 16 septembre.

En descendant des splendeurs de la féerie aux
réalités humaines, je vous dirai que Bucharest a
l'apparence d'un grand village, dénué de monuments, mal pavé et généralement mal entretenu.
On se croirait dans une grande ville de province
et dans l'une des plus laides. Les maisons sont
petites, sans caractère ; elles n'ont, pour la plupart, qu'un seul étage et sont toutes pourvues
d'un jardin souvent fort grand. La ville y perd

en perspective, en animation, mais les habitants
y gagnent en fraîcheur et en tranquillité.

Vue du haut d'une colline, cette immense étendue de maisons et de jardins ne déplaît pas au
regard ; mais, une fois dans le centre de la ville,
les distances deviennent prodigieuses, les rues
étroites, et les maisons s'éloignent les unes des
autres, comme dans un grand village.

Cependant, la ville a un centre très-peuplé et
très-animé. Ce centre se compose d'une place et
de plusieurs rues adjacentes. C'est là que se sont
réfugiés les théâtres, ies lieux de plaisirs et les
hôtels. Tout auprès, la Bourse, les administra-
teurs, les établissements financiers et quelques
beaux magasins ; enfin, vers l'ouest, les hôtels
particuliers et les maisons à la mode de Bucharest.

Cette dernière rue conduit à *la Chaussée*, c'est-
à-dire au bois de Boulogne de Bucharest. Figurez-vous une avenue des Champs-Élysées, plus
sauvage, mais tout aussi fréquentée et tout aussi
pleine de toilettes et d'équipages luxueux. A deux
pas de la ville, on trouve cette promenade ma-

gnifique, boisée et fraîche, pittoresque et parfumée. Vers sept heures du soir, au coucher du soleil, et, plus tard, pendant un de ces clairs de lune
d'août qui éclairent comme la lumière électrique,
les voitures, les phaétons, les tilburys, les breaks
se croisent au galop.

C'est un tour du lac, sans lac. Toute la société
de Bucharest défile à son tour le long de cette
incomparable avenue, les dames étalant leurs
toilettes les plus splendides, les hommes faisant parade avec une élégance toute parisienne
de leurs *pur-sang* merveilleusement harnachés,
ou de leur phaéton arrivé de Paris ou de
Vienne.

Plus tard, tandis que les dames rentrent chez
elles pour s'habiller et courir les bals, les hommes
vont chez Rapocka, où l'on fait de la musique, et
où l'on rencontre le demi-monde roumain, lequel
ressemble, à s'y méprendre, au demi-monde parisien, et ensuite à Kerastereau, jardin immense,
semé de bosquets mystérieux et de cabinets extrêmement particuliers, situé au bout de la chaussée. C'est là que se donnent les rendez-vous ga-

lants et que se préparent les soupers fins et les
petites fêtes intimes.

Ce jardin, ouvert toute la nuit, donne asile à
ces tsiganes dont j'ai parlé dans ma lettre sur
Pesth. Ce sont des chanteurs bohémiens que les
habitants de Bucharest entretiennent pour leur
agrément particulier. Quand Ulysse Cretziano
nous a conviés à un grand dîner à Kerastercau,
il a convoqué autour de notre table une demi-
douzaine de ces bohémiens qui nous ont joué et
chanté tous les airs de tous les pays.

Prompts à s'assimiler les motifs les plus in-
vraisemblables, doués d'une oreille merveilleuse
et d'une agilité de doigts surprenante, ils jouent
sans musique et il suffit de leur fredonner quelques phrases musicales pour qu'ils les saisissent
aussitôt et les répètent sur leurs violons et sur
leurs guitares. On a voulu nous faire entendre
des chansons roumaines ; j'avoue que je n'y
ai rien compris et que j'ai trouvé la mélo-
die de ces refrains nationaux fort primitive et
suffisamment monotone ; mais les indigènes
en sont très-friands et laissent échapper à

chaque vers des cris d'admiration et de joie.

Après deux heures d'audition, il est d'usage de servir à celui qui dirige l'orchestre un grand verre de vin blanc, au fond duquel dorment quelques pièces d'or, versées par les convives. Le musicien boit le liquide, qu'on peut qualifier de généreux, et met l'argent dans sa poche.

Le plus grand plaisir des jeunes Roumains c'est de conduire un attelage au grand galop. Malgré le mauvais état des rues et des chemins, le sentiment de la vitesse passe avant le sentiment du cahot. Les cochers de Bucharest ont été habitués à ne ménager ni leurs clients ni leur voiture. Ce sont, pour la plupart, des Russes coiffés en mougicks, obéissant au moindre signe, et souples au moindre coup de canne, qu'on ne leur épargne pas. Grands, bien découplés, imberbes et de formes proéminentes, ces cochers ont une voix sixtine qui a provoqué de notre part des questions indiscrètes à nos amis. Il nous a été répondu que presque tous les cochers de Bucharest sont des castrats de provenance russe, et qui appartiennent à une secte religieuse ignorée et secrète, laquelle a juré haine à la reproduction et mutile tous ses adeptes. Le gouvernement russe poursuit activement les chefs de cette confrérie religieuse, mais il n'a jamais pu parvenir à les découvrir ou à surprendre leurs secrets. Il est singulier de trouver au dix-neuvième siècle une réunion de fanatiques aussi *désintéressés* et aussi incorruptibles que ceux-là.

La population de Bucharest se compose de la noblesse, qui est nombreuse et illustre, et du peuple, recruté parmi les paysans et les anciens serfs attachés à la glèbe. Jusqu'en 1850 les derniers ne pouvaient pas posséder ; c'est le prince Couza qui a créé une loi rurale destinée à permettre aux paysans de devenir propriétaires. Cette loi, en morcelant les fortunes, et l'immigration étrangère commencent à former en Roumanie un tiers état qui tiendra l'équilibre entre l'aristocratie et le peuple.

Pour le moment, la bourgeoisie est dans l'enfance, le peuple travaille, obéit et reçoit des coups ; la noblesse s'amuse, danse, dépense son revenu et son capital et fait de la politique.

J'ai déjà parlé de cette tendance au plaisir qui caractérise les nobles Roumains. Élevés à Paris, ils en rapportent les goûts et les habitudes et prétendent les retrouver à Bucharest. Ils n'y arrivent qu'à force d'argent et, merveilleusement aidés par une terre fertile et toute neuve encore, ils dévorent les terres sans compter. Les grandes fortunes sont communes en Roumanie. Ou parle facilement d'une famille possédant deux cent mille livres de rente ; c'est le menu fretin. Il y a des patrimoines de dix, de vingt et de trente millions à remuer à la pelle. Toutes ces fortunes sont obérées d'hypothèques et ne pourraient point se réaliser sans subir de notables dépréciations. Les Roumains ne comptent pas ; ils savent que leurs terres doivent doubler de valeur en sept ans, et ils espèrent qu'un jour ils auront retrouvé l'équilibre. En attendant ils mangent, ils boivent, ils dansent et ils font la cour aux dames.

Sous ce dernier rapport le Roumain est un effroyable consommateur. L'oisiveté, la facilité des mœurs, le tempérament, l'occasion, tout contribue à cet abus de la santé et du plaisir. La législation roumaine favorise jusqu'à un certain point le commerce amoureux. Elle a décrété le divorce, et grâce à ce moyen de conclusion facile et donné à tous, on coudoie des maris qui ont divorcé cinq ou six fois et on rencontre de toutes jeunes femmes qui en sont à leur quatrième conjoint. Les maris sont tous philosophes et les femmes toutes indifférentes. Du matin au soir, toutes les bouches de [Bucharest conjuguent le verbe : Je m'amuse, tu t'amuses, nous nous amusons, etc.

Le peuple, au contraire, est voué au travail et à la servitude ; il a conservé le pittoresque costume du paysan du Danube : la grande blouse blanche en coutil, serrée à la taille par une ceinture de cuir, et le large pantalon de toile écourté au mollet. Là-dessous point de chemise ni de gilet ; on aperçoit par le tissu entr'ouvert la peau brune et hâlée. J'en dirai autant des femmes, qui n'ont pour tout vêtement qu'une robe et pas de jupe ; les formes se trahissent effrontément sous l'étoffe et quelquefois se découvrent sans mystère. Les hommes sont laids, courbés et sales ; les femmes leur ressemblent, quoique leur type soit beaucoup plus beau et plus fier ; nous avons vu, entre autres, une paysanne de la Transylvanie, dont le visage encadré de cheveux noirs et les traits accentués, rappelaient le type romain dans toute sa grandeur et sa majesté classiques.

J'ai dit que la classe riche en Roumanie s'occupait surtout de politique. Comment pourrait-il en être autrement ? Soumise à la Turquie à laquelle elle paye un tribut, gouvernée par un hospodar, qui s'appelle Charles et qui est neveu du roi de Prusse, désagrégée par l'Autriche qui a pris la Transylvanie, et la Russie qui s'est emparée de la Bessarabie, la Roumanie ainsi menacée par toutes les puissances qui l'entourent, tend à s'unifier et à retrouver son autonomonie danubienne. Elle parle une langue à elle, fort belle et fort sonore, qui se rapproche de l'italien ou plutôt du romain classique fortement italianisé ; elle a des mœurs et des coutumes qui n'ont aucun rapport avec celles des pays environnants. Ce sont en quelque sorte des mœurs franco-orientales.

Les Roumains gardent une reconnaissance éternelle à la France et à Napoléon III d'avoir en 1856 agrandi leur territoire, et d'avoir réuni la Moldavie et la Valachie sous le même gouvernement.

L'homme qui a le plus fait pour le pays à peine né, se nomme Michel Korgonitzano. C'est le M. *Thiers* de la Roumanie. Littérateur distingué, orateur de premier ordre, ancien président du Sénat, ayant été plusieurs fois ministre, reconnu et acclamé par toute la population, M. Korgonitzano est un homme simple et modeste, à l'apparence bourgeoise, parlant le français d'une façon exquise, et homme de goût avant toute chose.

Nous avons longuement causé avec lui dans sa charmante villa de *la Chaussée* , où tout nous a rappelé le raffinement et la recherche du Parisien lettré et délicat. M. Korgonitzano est le véritable bourgeois du Danube, aimant son pays à ce point que les larmes lui viennent aux yeux quand il en parle. Il est aujourd'hui retiré des affaires publiques; mais tous les Roumains ont les yeux

sur lui et le regardent comme une providence qui,
à un moment donné, donnera le signal de la ré-
surrection.

M. Korgonitzano voit avec douleur l'entraînement de la classe intelligente roumaine vers la
frivolité et le plaisir; mais il a confiance dans le
cœur et la générosité de ce peuple ardent et en-
housiaste. Le Roumain n'est pas corrompu, il
est actif; il n'est point égoïste ni envieux. Ce sont
là d'excellentes qualités.

J'ai pu, plus que tout autre, apprécier cet aban-
don, cette grâce, cette délicatesse du Roumain
envers ceux qui sont leurs hôtes et surtout envers
les Français. J'ai rapporté de Bucharest une foule
de souvenirs et de notes dont je n'ai fait que donner le sommaire dans cette lettre. Je vous deman-
derai quelque jour la permission de consacrer
plusieurs colonnes à ce charmant pays, que nous
connaissons si peu et qui nous connaît si bien, et
qui agit à notre égard en frère cadet dévoué et
désintéressé.

XVIII

Rutschouck. — Le village. — Le chemin de fer. — Tableau
biblique. — Les premiers Turcs. — Singulière alliance de
la prière du soir et de la locomotive Varna. — L'*Espéro*.
— En mer. — Une tasse de thé. — Mon royaume pour
un bifteck. — Découverte d'un harem. — L'Orient. — Le
Bosphore.

Constantinople, 19 septembre.

La transition est brusque entre Giurgevo et
Rutschouk, c'est-à-dire entre l'extrême Occident
et l'Orient, entre le christianisme et le maho-
métisme, entre la casquette et le turban. Dix
minutes de bateau pour traverser le Danube, et
tout est dit.

C'est à Rutschouk que commence la véritable
Turquie pour le voyageur qui vient du Nord,
comme nous. Déjà nous avions aperçu pendant la

traversée quelques villages aux maisons peintes, des mosquées sans importance et dont les grêles minarets faisaient toute la saveur ; par ci par là de rares Turcs aux turbans classiques et aux vestes bariolées ; sur le fleuve, nous avions rencontré de larges felouques à la forme recourbée en forme de disque ou de croissant et dont l'équipage, pieds nus et coiffé de fez bien droits sur le crâne, nous rejouissait l'âme ; mais tout cela n'était rien. A Rutschouk nous avons enfin mis le pied en Orient. C'est une jolie petite ville perchée sur un monticule au pied du Danube ; une mosquée pleine d'élégance, agrémentée de deux minarets aux clochetons hardis, s'étale sur le flanc de la colline. Quand nous sommes arrivés, au coucher du soleil, un muezzin appelait d'une voix nazillarde les fidèles croyants à la prière du soir.

Ce qui gâte le paysage pour l'artiste, mais ce qui lui donne une énorme valeur aux yeux du touriste, c'est le chemin de fer qui court au pied du village et conduit les voyageurs à Varna.

C'est une pauvre petite ligne créée par l'industrie anglaise, et dont presque tous les employés sont anglais. On se met là-dedans vers midi, et à huit heures du soir, on a péniblement achevé ses 250 kilomètres à travers le paysage le plus insipide.

Pour charmer l'ennui du voyage, il faut observer les types qui se pressent dans les wagons. Ce sont des Turcs, encore peu habitués au chemin de fer, et qui quittent à regret leur pauvre village pour se rendre à la métropole. Ils voyagent généralement avec toute leur maisonnée, leurs matelas, leur harem, leurs couvertures et leur nourriture.

C'est à dessein que j'ai placé le harem après le matelas; mais nous n'aborderons ce sujet délicat que dans une lettre postérieure.

A Tcherdanova, nous avons embarqué un patriarche israélite qui se rendait à Jérusalem pour y mourir. Il emmenait sa femme avec lui. Lui, avec sa longue barbe blanche, son costume de Turc de vieille roche; elle, avec ses larges souliers jaunes, ses cheveux absolument cachés, selon le rit, par une sorte de turban doré, ils nous

ont rappelé Abraham et Sarah fuyant le pays de
Chanaan. Ils étaient accompagnés à la gare par
leurs enfants, qui ne les reverront plus; on s'ar-
rêtait à les regarder s'embrasser et pleurer à
chaudes larmes en poussant des gémissements en
langue inconnue. Le vieillard seul ne pleurait
pas. La froide cloche du chemin de fer mit fin à
cette scène vraiment émouvante, on enferma le
couple dans un wagon, la machine siffla. Tandis
que le train s'éloignait, on voyait sur le quai les
enfants, d'ailleurs hommes et femmes déjà, qui
poussaient des cris et faisaient des gestes déses-
pérés.

Il y a là un sujet de tableau biblique que je recommande aux amateurs.

Le soleil se couche à l'horizon. On s'arrête un
instant. Un superbe Turc descend de wagon et
gravement pose un carreau par terre, retire ses
chaussons, se lave les mains à une fontaine placée dans la gare et commence sa prière. Tantôt
agenouillé, tantôt prosterné, il ne voit pas les regards curieux qu'on lui jette de toute part; il
s'adresse à Mahomet, le visage tourné vers le cou-

chant. A l'appel de la cloche, fondue à Manchester, le croyant s'est enfin décidé à remonter en wagon.

Nous voici à Varna. Il fait nuit noire. On nous descend dans des coquilles de noix, où nous sommes entassés pêle-mêle avec des malles. Le bateau fait eau sous nos pieds. Nous voilà partis avec une mer quelque peu moutonneuse. Une masse noire avec un fanal allumé, est le but de cette pérégrination maritime. Au bout d'un quart d'heure, nous abordons. L'*Espero*, steamer de la puissante compagnie du Lloyd, ronfle à pleins sabords. L'embarquement est long. Pendant qu'il s'achève, nous parcourons le bateau et nous voulons attendre, malgré une faim canine, qu'il sorte du port pour aller dîner.

— Aurons-nous à manger ? Tel est le cri que pousse notre estomac. Un mauvais plaisant nous a fait espérer que nous *aurions du thé*. Nous sommes à jeun depuis le matin. Une vague odeur d'étable nous rassure, l'avant-pont est couvert de superbes moutons et de buffles magnifiques. Un mirage complaisant nous fait apercevoir, à

travers le prisme de l'appétit, des séries de côtelettes et des collections de biftecks.

Pêle-mêle au milieu des bestiaux, bon nombre
de bipèdes sont étendus et dorment. Quelques-
uns, accroupis, ont un mouchoir devant eux et
dînent d'un morceau de pain et d'un peu de riz
cuit. Le plus grand nombre, qui ne dort pas, fume
la cigarette. Ce sont des Turcs, graves et impassibles ; ils sont installés jusqu'à Stamboul et ne
bougeront plus. Aux giaours de se promener et
de ne savoir que faire !

Je cherche en vain des femmes parmi les passagers ; il n'y en a pas. Je sais bien que les
harems ne se montrent pas à nos yeux profanes ;
mais cependant, il faut bien, quand un Turc
voyage, que ses femmes voyagent avec lui. Il n'y
a pas des bateaux pour hommes et des bateaux
pour femmes.

Le stamer siffle, vire et s'élance ; la mer est
calme, le ciel splendide. Après un regard rapide
sur le magnifique spectacle que nous offre Varna
illuminé dans le lointain, et la mer qui s'étend
à l'infini, nous redevenons hommes et nous

voulons *manger*. C'est brutal, mais je vous écris à neuf heures du soir, en ce moment même, et dès que j'aurai fini ma lettre, j'irai *manger*.

Le thé promis était bien réel. Nous eûmes du thé et des sardines, En vain je demandai un bifteck, on me répondit : — Il n'y a plus de bifteck ! — Et tous ces buffles, hasardai-je, que l'on mène avec nous? Ne pourrait-on pas tuer un buffle ?

On ne tua pas de buffle ; nous dévorâmes trois livres de pain et une boîte de sardines. Après une forte promenade un peu chancelante sur le navire qui dansait légèrement, promenade indispensable à la digestion de notre copieux repas, nous descendîmes nous coucher dans un tiroir de commode obtenu à grand'peine.

Au moyen de deux couvertures, de deux oreillers et d'un fort almanach Bottin, nous finîmes par nous caler dans le tiroir.

La nuit fut bonne, si cela peut vous intéresser (je doute que cela puisse vous intéresser autant que moi), mais dès l'aube, je fus réveillé par des cris d'enfant qui partaient de la cloison voisine.

Or, la cloison voisine me semblait devoir être le plat bord du navire lui-même ; je croyais en ouvrant mon sabord (suis-je assez marin, mon Dieu !) n'avoir que la mer pour perspective.

Je me trompais, j'étais en face d'un véritable harem. Entre la paroi extérieure de notre cabine et le bord du navire, il y a un espace oblong, au-dessus duquel se balance une chaloupe. Sous la chaloupe et sur le pont, mal abrités par une tente flottante, dormaient une douzaine de créatures, emmaillotées dans d'horribles robes et la figure couverte d'un voile qui dérobe leurs traits aux profanes.

Par Allah ! j'ai découvert le refuge des femmes turques. Mon sabord devient bientôt la lorgnette où se succèdent les regards de mes compagnons curieux. Hélas ! c'est bien peu de chose qu'une femme turque. Je parle de celles que j'ai vues et qui appartiennent aux classes inférieures. Incapables de marcher, grasses à lard, l'œil éteint, le visage d'un blanc maladif, elles restent accroupies des heures entières sans mouvement. Celles qui ont des enfants les allaitent en se couvrant des voiles les plus épais ; les autres attendent qu'on vienne les chercher. Je reviendrai plusieurs fois sur les femmes turques, mais j'en parlerai toujours d'une façon obscure. La femme turque est un meuble, et, pour être dans le vrai, le chroniqueur ne doit pas en parler plus longuement qu'il ne parlerait d'un divan turc et d'un narguilhé.

Le jour s'avance, la mer est toujours belle, on nous appelle sur le pont et l'on nous montre des collines à peine estompées qui se dégagent insensiblement et prennent une tournure de falaises normandes. C'est la côte turque. Au milieu, grâce à une longue-vue, nous apercevons une dépression de terrain ; quelques tours de roue, et la dépression se change en déchirure. C'est l'entrée du Bosphore.

Bosphore ! Ce mot magique nous cloue sur le pont. Nous refusons de descendre dans l'entre-pont manger le bifteck tant désiré et si peu obtenu. Une main compatissante nous passe du pain et un peu de chocolat. L'*Espero* est un bon marcheur ; il a compris notre impatience, le vent nous favorise. Enfin, nous dépassons le phare placé sur la pointe de la colline la plus rapprochée; la mer se rétrécit et devient pleine; la vague s'apaise et bleuit. A droite et à gauche s'élèvent les deux collines qui verdissent et se boisent de plus en plus. Nous voguons entre l'Asie et l'Europe, nous sommes dans le Bosphore. Au loin, éclairés par le soleil qui brille derrière nos têtes, nous apercevons les premiers villages turcs.

O Bosphore! Tu mérites bien qu'en pensant encore à ce merveilleux spectacle, je ferme les yeux pour te revoir encore et que je cesse d'écrire.

XIX

Le Bosphore. — Panoramas Turcs. — Arrivée. à Constantinople. — La barque turque. — Invasion de barbares. — La Douane. — Les *Hammals*. — Ascension à Péra. — Les costumes, les boutiques. — La nouvelle Tour de Babel. — *A la Turque.* — *A la Franque*. — La Poste en Turquie. —Voyage à la recherche d'une lettre.

Constantinople, 20 septembre.

Vous vous rappelez ce provincial à qui l'on demandait s'il avait vu la *Biche au bois* et qui répondait : « Non, je l'ai lue. » Cette réponse peut s'appliquer à tous ceux qui essayent d'*expliquer* le Bosphore à des lecteurs intelligents. Le Bosphore ne se décrit pas ; c'est une merveille, une perle, un diamant, quelque chose qui n'a pas de nom, qui est peint de couleurs spéciales, éclairé par une lumière à lui et qui produit une impression tout à fait sienne.

Rien n'est plus beau, rien n'est plus émouvant, rien n'est plus rapide et plus merveilleux que le panorama qui se déroule depuis l'embouchure du Bosphore jusqu'à Constantinople. Le navire flotte sur une mer bleue, sans vague, étincelante au soleil, et d'où se lèvent à chaque tour de roue des myriades de goëlands qui planent avec leurs ailes blanches dans le sillage des navires. A droite, c'est la côte d'Europe, où s'étagent pendant huit kilomètres les villages et les maisons de campagne. A chaque enjambée du navire, le tableau change ; c'est une lanterne magique perpétuelle. Après Buiuk-Déréh et ses maisons de marbre, sa plage en croissant et ses ombrages parfumés, Thérapia, où la société française a élu domicile ; plus loin, ce sont les palais du sultan et des pachas ; les maisons deviennent plus pressées ; l'animation augmente à tout instant ; nous approchons de Constantinople, quoique tout ce que nous voyons, ce soit Constantinople.

A gauche, la côte d'Asie étale fièrement ses

vallons boisés, ses eaux vives, ses villages plus rares, mais aussi plus pittoresques que ceux d'Europe ; sur le fleuve, un millier de barques portant les pavillons les plus divers et les plus disparates, se croisent en tous sens.

Tout à coup, le Bosphore tourne brusquement, le steamer fait une dernière évolution et nous met en présence de l'apothéose du tableau final, de la huitième merveille du monde.

Voilà Constantinople. Au fond Stamboul, éclairé par le soleil levant, étagé sur la montagne, hérissé de minarets aux clochetons sveltes, brillant de mille couleurs. A droite de Stamboul, la Corne d'Or, qui est l'un des bras du Bosphore. Vis-à-vis, c'est Galata et, plus haut, Péra, les faubourgs européens, inclinés vers Stamboul. Tandis qu'à gauche, séparées par l'autre bras du Bosphore, devenu mer de Marmara, Cadikeui et Scutari, les villes asiatiques, se laissent humblement dominer par la cité des sultans. Enfin, au fond, sortant radieuses de la brume, les îles des Princes qui complètent le tableau.

Ce n'est point une description, c'est un inventaire. Je m'arrête là, lisez Théophile Gautier et lisez Nerval. Ils ont essayé de colorier cet inventaire, d'éclairer cette nomenclature. Moi, je m'arrête, et j'avoue qu'en contemplant ce panorama magique, les yeux sont frappés par tant d'objets, le cœur ému par tant de miracles, les sens charmés par tant de variétés, qu'il est impossible de tout réunir sur le papier et d'exprimer en lignes froides l'extase que l'on ressent.

Ce n'est pas tout. Le plus admirable du tableau, c'est le mouvement du port de Constantinople. Les grandes barques turques à la forme recourbée, les steamers de toute nation, les légers caïques qui exigent un chapitre particulier, les felouques, les navires cuirassés de l'escadre turque, tout cela va, vient, chauffe, court, s'encombre, entre au port, s'échappe par la Marmara, se glisse vers le Bosphore, hisse des voiles, sème de la fumée, crie, s'interpelle. Les pavillons se croisent, les équipages se disent bonjour. Notre bateau, l'*Espero*, vogue toutes voiles déployées, à grand renfort de vapeur, et traverse un millier d'embarcations de toute espèce.

Enthousiasmés par ce tableau splendide, nous avons obtenu du commandant qu'il nous laisse sur la passerelle réservée aux officiers. De ce point culminant, nous embrassons le coup d'œil féerique qui éclate à nos yeux sans oublier un détail, sans qu'il nous échappe un incident.

Une grande barque turque est en travers de notre chemin. Elle a vu venir de loin le bateau à vapeur et ne s'est pas dérangée.

— Il faut que je donne une leçon à ce Turc, nous dit le commandant. Nous gouvernons vers la gauche pour éviter le bateau, puis par une manœuvre cruelle, mais méritée, nous revenons sur la barque turque et la rasons de si près qu'un horrible craquement se fait entendre. Le beaupré est brisé en deux, la voile s'en va à tous les diables et le mât violemment arraché surnage dans notre sillage.

Le désespoir du patron de la barque turque ne saurait se décrire; ce fut un désespoir oriental, qui ne ressemble à aucun désespoir. Le Turc commence à s'arracher son fez et ensuite les rares cheveux qui sont dessous, puis il saute aussi haut

qu'il peut sauter, en articulant des imprécations
turques, que je ne suis pas capable de rapporter.
Le déchirement du navire nous avait serré le cœur ;
le désespoir du bonhomme turc nous a semblé
comique, surtout quand le commandant nous a
appris que ce Turc le faisait exprès et qu'il allait
tirer profit de son accident auprès des bonnes âmes
chrétiennes.

Nous arrivons en face du pont de la Corne-d'Or.
« *Adagio,* crie le capitaine, et le navire relentit sa
course ; puis quelques secondes plus tard :
« *Ferma.* » La roue s'arrête, nous sommes arrivés.

Aussitôt, le bateau est environné d'une mulitude
de petites barques, de caïques et de canots de
toutes formes. Déjà, avant que le navire fût arrêté,
elles marchaient dans son sillage. Dès qu'il eut
stoppé, toutes les barques s'accrochèrent à ses
flancs par des cordes ; ceux qui n'avaient pas de
cordes s'accrochaient d'un pied au rebord de leur
barque, et, d'une main, saisissaient le bateau à
vapeur par un hublot, où bien s'y collaient par la
force de la volonté. Pendant ce temps, le pont

était envahi par une foule de gaillards qui s'introduisaient de partout.

Les uns grimpaient comme des chats sur les sabords, les autres avaient l'air de tomber du ciel, ceux-ci se font hisser par des cordes, ceux-là se hissent à force de bras.

Avant que j'aie pu ou m'expliquer ou me reconnaître, je me sens saisi par deux bras vigoureux; on me porte littéralement dans une barque qui danse sous l'échelle du steamer; je fais un signe désespéré à Henri, également arraché par d'autres mains non moins vigoureuses. Nos bateliers nous ont compris, ils rapprochent les deux barques et nous partons de conserve.

A la douane, on visite nos bagages en plein air, dans la boue, sur une pierre qui sert de pavé. Grâce à quelques piastres, le douanier y met de la discrétion; nos bateliers nous cèdent à deux *hammals* (porte-faix) qui chargent nos bagages sur leurs robustes dos et se mettent en route vers l'hôtel que nous leur indiquons.

Le *hammal* est tout simplement un homme-chameau. Généralement il est arménien, d'une sobriété sans exemple. C'est déjà un point de ressemblance avec le chameau. Pour compléter la comparaison, il s'est fait une bosse factice avec une sorte de dossier en bois, sur lequel il assujettit les malles qu'on lui confie. Doué d'une force herculéenne, le pied sûr, les reins solides, le *hammal* porte ainsi des poids énormes, opère des déménagements, gagne beaucoup d'argent, en dépense peu, et quand il a ramassé deux ou trois mille francs, quitte le métier et va s'acheter des terres dans son pays. Le *hammal* gagne cinq ou six francs par jour, et s'achète deux sous de pain, deux sous de maïs, deux sous de café et quatre sous de tabac. Il dort en plein air et attend les clients. Les Turcs et les Européens leur accordent une confiance illimitée et déclarent que ce sont les plus honnêtes gens du monde. Tout prouve qu'ils justifient cette réputation.

Nous commençons à gravir la côte escarpée de Péra. C'est le quartier européen de Constantinople ; on y trouve des becs de gaz et des poteaux télégraphiques.

Mais quel pavé ! figurez-vous les ornières les

plus boueuses, les pierres les plus aiguës, les
galets les moins ronds. Par ci, par là, des escaliers en forme d'échelle, taillés dans la montagne,
des décombres de toutes sortes, provenant du ré-
cent incendie de Péra. Le désenchantement suit
de près l'extase, on se sent brisé dans les jointu-
res, piqué depuis l'orteil jusqu'au talon, les souliers se couvrent de poussière, le soleil vous rôtit
sans pitié, la sueur vous inonde et, pour comble
d'agrément, vous ne pouvez pas faire un pas sans
éveiller un chien qui dort au milieu de la rue et
qui se redresse en grondant.

Si les vieille rues de Péra sont sales, en revanche, elles sont pittoresques. Les boutiques en
plein vent, bâties en bois, pourvues de tapis et
de divans sur lesquels les marchands fument en
vous regardant, ne sont pas brillantes ni enga-
geantes, mais elles ont une physionomie caractéristique qui vous plaît tout de suite. C'est un
débarquement dans un chapitre des *Mille et une
Nuits*. Une population étrange grouille autour de
vous. Les haillons les plus variés se disputent la
place au soleil. Tout ce peuple est uniformément

coiffé de fez; les moins modernes entourent cette coiffure d'un beau mouchoir à dessins nombreux, et forment ainsi le turban classique. Tous portent ces larges pantalons serrés au mollet, ces babouches traînantes et cette veste bariolée, faite avec de vieilles tapisseries ou des étoffes qui seraient royales, si elles étaient propres.

Pas un costume ne ressemble à l'autre. Celui-là a le pantalon vert et la veste rouge. Un autre s'est taillé une culotte dans un tapis de Smyrne et a trouvé une veste dans une voile de navire. Un enfant se promène en jupons, avec une robe de chambre à ramages qui lui tombe jusqu'aux pieds. Tout cela se promène et ne fait rien. Ceux qui font quelque chose fument ou prennent du café, assis sur des escabeaux dans la rue. Ils ne se dérangent ni devant les chevaux ni devant les *hammals*, ni devant les voitures. Ce sont les chevaux, les *hammals* et les voitures qui se dérangent. Il en est de même des chiens, qui dorment entre deux pavés au milieu de la rue. Les chevaux, pareils à l'âne décrit dans la *Légende des siècles*, font un détour pour ne pas les écraser,

Les boutiques offrent les mêmes variétés que les costumes. Côte à côte, nous apercevons un magasin, où s'étale cette enseigne *X...*, *coiffeur, parfumerie de chez Lubin.*

Tout auprès un *bar* anglais : *English spirits. Port'wines, India pale ale.*

Plus loin, ces mots chers aux souvenirs classiques : *Kafeneion hellenicon.*

Puis, un comptoir de bière allemande, fièrement intitulée : *Gathsaus.*

De nombreuses boutiques italiennes : *Tapezziere, bono vino,* etc.

Car Péra n'est d'aucune nationalité; Péra, c'est l'Europe. Les Turcs l'appellent le quartier franc. Ce mot *franc* ne veut pas dire français, il veut dire européen, ou plutôt il veut dire tout ce qui n'est pas turc. Aussi entend-on parler toutes les langues à Péra, mais plus spécialement la langue italienne. Le soir, il y a des cafés-concerts français, des brasseries où l'on entend des tsiganes, des jardins où l'on joue des comédies italiennes, et des théâtres où l'on récite des romances grecques. Entrez dans une boutique et parlez n'importe quelle langue, vous trouvez toujours quelqu'un pour vous répondre. Je suis resté huit jours à Constantinople, et ce que j'ai le moins entendu parler, c'est le turc.

Sauf dans les quartiers les plus arriérés de Stamboul, on vit *à la franque*. Tous les services publics sont organisés *à la Turque*, avec une traduction *à la franque*. Les bateaux-omnibus de la Corne d'Or portent leur itinéraire et leur numéro écrit en turc et en français; les horloges turques donnent à la fois l'heure turque et l'heure franque.

Cette dernière différence est très-appréciable et demande une étude spéciale. L'heure turque se compte à partir du coucher du soleil et forme l'heure de nuit; puis recommence à partir du lever du soleil jusqu'à son coucher. En ce moment, quand le soleil est au zénith, c'est-à-dire à midi, il marque six heures à Constantinople. Rien n'est plus étrange que d'entendre, vers huit heures du soir, quand le soleil commence à décliner, un Turc vous dire, en regardant sa montre : « Diable ! bientôt douze heures ! »

Je n'insiste pas autrement sur tous ces petits détails, qui sont nombreux et qui viendront à tour de rôle réclamer quelques lignes dans mon courrier; le lecteur me permettra d'arriver à l'hôtel et de m'y reposer quelques instants.

Ce ne sera pas long. L'aspect de Constantinople est si curieux, si étrange, si nouveau, si imprévu, si loin de Paris que nous oublions bien vite nos pieds endoloris, nos chemises trempées de sueur, une nuit passée dans un tiroir de commode avec ce roulis, et que nous nous mettons en route au hasard.

Il faut d'abord passer à la poste. Un flot de lettres doit nous y attendre. Le drogman de l'hôtel ne nous cache pas qu'il faut un certain courage et une notable énergie pour courir après des lettres adressées poste restante. Je suis trop impatient d'avoir des nouvelles de Paris pour attendre un meilleur moment, et je pars de mon pied le plus léger.

Il n'y a pas de poste générale à Constantinople. La poste turque ne s'occupe pas des étrangers. Chaque ambassade a donc créé une poste soit à

Péra, soit à Galata, pour le service de ses nationaux. Je me rends naturellement à ma poste, à la
poste française, qui me remet une lettre nnique,
signée Isidore. Cette lettre ne m'annonce rien de
neuf. J'insiste près de l'employé, qui finit par
avoir pitié de mon désappointement et me conseille de remonter deux rues et d'aller voir à la
poste prussienne, qui reçoit aussi des lettres de
Paris par une voie différente. Je soupire longuement et je m'en vais à la poste prussienne. Je n'y
trouve rien, mais si je consens à descendre deux
autres rues, l'employé prussien, qui porte des
lunettes comme tous les Prussiens, m'assure
que je trouverai des lettres à la poste autrichienne, qui vient de recevoir son courrier du
Danube.

Cette réponse me donne quelque espérance, et
je me rappelle que ce fameux courrier a dû arriver avec nous ce matin même.

Nous redescendons sur les pavés moelleux;
mes souliers sont percés d'outre en outre. Arri-
verons-nous? Nous arrivons.

Le courrier n'est pas encore dépouillé; on nous

conseille, en attendant la distribution, d'aller voir à la poste italienne si nous n'avons rien. Je m'assieds sur un banc avec un geste de désespoir, et résolu à ne plus faire un pas sans une satisfaction complète.

Tant de persévérance devait recevoir sa récompense. Un guichet s'ouvrit, et une main généreuse me remit enfin les quelques lettres que j'avais espéré recevoir.

Si j'insiste sur cette pérégrination personnelle, c'est pour m'étonner de cette mauvaise organisation postale. Que chaque pays ait sa poste spéciale, rien de mieux; mais alors il faudrait que tous les bureaux étrangers se communiquassent entre eux les lettres de leur provenance nationale réciproque. Les lettres de Paris, par exemple, peuvent arriver à Constantinople par les steamers des messageries ou par la voie du Danube ou de Verna. Pourquoi la poste autrichienne n'enverrait-elle pas à la poste française les lettres timbrées de France, à charge de revanche?

Il serait plus simple, quand on veut adresser

13.

une lettre à Constantinople, de la mettre à la poste avec cette suscription : M. X***, quelque part à Constantinople.

On aurait au moins quelque chance de la trouver.

XX

La grande rue de Péra. — Ce qu'on y voit. — Le fez. — Galata. — Le commerce et la Bourse. — Les tramways. — Les industriels turcs. — Le pont de la Corne d'Or. — Bateaux à vapeur omnibus. — Stamboul. — Une rue à Stamboul. — Le Bazar. — Accueil qu'on nous y fait.

Constantinople, 21 septembre.

Nous descendons la grande rue de Péra, et nous continuons à nous croire dans une Babel moderne. Quelques Turcs, beaucoup d'Arméniens, un nombre considérable de Grecs, pas mal d'Italiens et de Français. Tout le monde porte le fez, à peine rencontre-t-on quelques chapeaux à forme occidentale, quelques melons, casquettes, panamas, castors mous, etc., etc. Le fez turc est une coiffure fort gracieuse et très-commode : elle garantit la tête contre le froid, empêche les rayons du soleil de pénétrer jusqu'au cerveau et permet à celui qui le porte de ne jamais se découvrir. Aussi les Turcs saluent-ils en portant la main à la bouche et au front. Quand ils veulent honorer les gens, ils commencent par se baisser pour toucher la terre, et élèvent ensuite les doigts jusqu'aux lèvres. C'est une métaphore qui signifie : « Je ramasse la poussière de tes pieds pour l'embrasser ! »

Le fez entre dans la tête comme une casserole. On l'enfonce jusqu'aux yeux ; les élégants le portent sur l'occiput, mais c'est pour faire du chic. Ceux-là ne portent pas le fez, ils le prostituent, ils le charcutent, ils le méconnaissent. Pour qu'un fez soit un vrai fez, il faut qu'il ait la forme d'un pot de fleurs renversé. Aussi y a-t-il dans toutes les rues des Turcs en boutique qui donnent au fez le coup de fer destiné à lui donner cette apparence florale.

Ils ont à cet effet des moules pour toutes les têtes. On vous essaye un moule ; si ce moule vous va, on applique dessus le fez, on le caresse légèrement au moyen du fer chaud, et on vous le plante sur la tête. Dès lors, il n'en bouge plus; on dîne avec, on couche avec, on se lève avec. C'est en quelque sorte une partie de votre personne.

Nous descendons la rue de Péra au milieu d'une cohue indescriptible ; tantôt je me me trouve en face de deux *hammals* chargés de caisses énormes qui tiennent toute la largeur de la rue. Ils marchent courbés en deux, les yeux plantés en terre, faisant de grands pas et ruisselant de sueur. Ils crient à chaque instant : « Warda ! warda ! » pour avertir les passants qui se détournent quelquefois. Tantôt j'enjambe par-dessus des chiens paresseux, à la forme de loups jaunes de poil, qui s'étalent dans une ornière. L'œil demi-clos et enfoncés dans un *kief* tout oriental, sales et abandonnés, ils ont dans leurs flancs de larges blessures ouvertes et sanguinolentes où se promènent des mouches gourmandes. Ces blessures sont le résultat des combats nocturnes que se livrent les chiens affamés. Tantôt un *warda* énergique me prévient que des chevaux descendent les escaliers derrière mon dos ; car les chevaux de Constantitinople ont un talent pour monter et descendre les degrés rocailleux des rues de la ville, sans faire un faux pas, et toujours au petit trot.

Un peu plus loin, nous croisons une voiture qui tient toute la rue ; il faut se ranger le long des murs, et l'on plonge alors en toute liberté dans un coupé, où sont entassées quatre femmes turques enveloppées dans leur robe sans taille et la figure voilée par une gaze plusieurs fois roulée sur elle-même. Leurs yeux seuls sont découverts et regardent avec une curiosité animale. La gaze n'est pas tellement épaisse que l'on ne puisse saisir au vol quelques détails de la beauté turque ; mais la voiture passe, et l'on ramasse, par son indiscrétion, le regard féroce d'un *cawas* à cheval qui est chargé de surveiller la voiture. Le *cawas* n'est pas moins curieux que les femmes de la voiture. A sa figure imberbe, à sa poitrine accentuée, à son buste développé, on devine à quel sexe il appartient.

Enfin nous arrivons dans la grande rue de Galata. Parallèle à la Corne d'Or, elle sert de résidence au commerce, à la Bourse et à l'industrie.

C'est un mouvement perpétuel, une foule indescriptible, des cris et des chocs incessants qui commencent au lever du soleil. Maisons de banque, bureaux , comptoirs, magasins, toutes les affaires sont réunies sur le même point. Elles sont menées par les Francs; il n'y a de Turcs que quelques impassibles boutiquiers qui fument leur narguilhé, assis au milieu de la rue, ou les marchands d'eau et les fabricants de loukoun (sortes de confitures), qui débitent leurs marchandises à tout venant.

L'industriel turc n'a pour toute fortune que ses haillons et de l'intelligence. Il s'installe dans la rue, celui-ci avec quelques rouleaux de loukoun, celui-là avec une brosse à cirage, un autre avec une cruche et un verre, un troisième avec quelques menus objets sans valeur. Ils harcèlent, arrêtent, provoquent, supplient, happent le passant et l'obligent à consommer sa confiture, à boire son eau, à recevoir ses coups de brosses, à acheter un collier de sequins faux, et lui demandent quelques paras dont ils achètent du tabac.

Tout autour d'eux on brasse les affaires; il y a

autant de changeurs de monnaie à Galata que de pavés dans la rue. Le changeur de monnaie n'a pas de boutique. Assis sur un escabeau, il a devant lui une caisse vitrée où sont entassées les livres turques, les souverains d'Angleterre, les louis d'or, les ducats d'Autriche, la monnaie blanche de tous les pays, et des rangées innombrables de piastres. C'est un étalage de millions en plein air.

Nous passons devant la Bourse, il y a une véritable Bourse à Constantinople ; mais on préfère rester dans la rue : on se fait des offres au milieu de la foule et de la cohue. La Bourse commence à quatre heures du matin et quelquefois ne finit pas. Malgré ce tohu-bohu, le brouhaha incessant, de superbes tramways circulent sans difficulté au milieu d'une rue dont les rails occupent toute la largeur. Les chevaux, lancés au grand trot, sont précédés d'un *saïs* à pied qui, armé d'un parapluie (celui que j'ai vu était vert de mer) court en avant et fait faire place à la voiture. Ce *saïs* est pieds nus, il se met dans la bouche un petit caillou qu'il serre entre les dents pour ne pas perdre sa respiration, et galope ainsi pendant plusieurs kilomètres.

Nous voici au pont de la Corne d'Or. L'animation est plus grande et plus compacte que jamais. Le pont est en bois, en dos d'âne à tout instant, construit avec des planches mal rabotées et séparées les unes des autres. Comme c'est à peu près le seul intermédiaire entre Stamboul et les faubourgs, il est toujours rempli de monde ou de mouvement. A droite et à gauche se trouvent les embarcadères des bateaux-omnibus, en deça du pont, ceux qui conduisent à travers la Corne d'Or jusqu'aux eaux douces d'Europe, au delà, les steamers qui mènent aux échelles du Bosphore. Ces bateaux sont nombreux et partent de cinq en cinq minutes dans toutes les directions. Chaque bateau emmène près de trois cents personnes; jugez de l'affluence qui règne sur le pont de la Corne d'Or, pour alimenter ces départs, sans compter les modestes piétons qui se contentent de traverser.

Voici Stamboul. Nouveaux tramways, nouveaux saïs, nouvelles cohues. Les rues sont moins escarpées, moins périlleuses qu'à Péra, mais elles sont toutes aussi montueuses. Nous prenons une large avenue qui doit nous conduire au bazar. A droite et à gauche s'élèvent les petites maisons turques, peintes à fresques, pourvues de Moucharabys qui font saillie. Les boutiques, ouvertes à tous les vents, sont garanties contre les rayons du soleil par de larges tentures bariolées. Aucun étalage en montre, une inscription sur la porte et quelques marchandises peu attrayantes au dernier plan. Sur le premier plan, assis sur une caisse où se déroule un tapis, s'encadre un Turc qui roule une cigarette.

A peine pouvons-nous nous frayer un chemin à travers les mille marchands ambulants qui nous entourent. Ils vendent de tout sur des petites tables en bois blanc ; beaucoup de fruits, des pastèques, du blé de turquie qui coûte 20 paras la grappe et que les hommes achètent et font cuire sur un petit fourneau portatif qu'ils vont recruter dans le voisinage. D'autres marchands ont leur marchandise dans un vaste panier : ce sont de superbes raisins dorés aux graines allongées. Il y a

des marchands de pain ambulants. Tout est ambulant à Stamboul ; les boutiques sont faites pour
se reposer.

Ce sont les hommes qui font le marché ; il y a
bien, par ci, par là, quelques vieilles femmes,
mais elles sont rares et semblent honteuses d'être
vues. Quand nous passons près d'elles, elles ra-
mènent avec effroi leur voile sur la tête et se
cachent les yeux. Il n'y a vraiment pas de
quoi.

A Stamboul, on rencontre beaucoup de Turcs à
cheval, suivis d'un *cawas* qui pousse la bête à
coups de parapluie. Rien n'est admirable comme
un Turc à barbe blanche, pointue au bout, couvert d'un turban jaune et rouge, d'une longue
robe à ramage et d'un large pantalon vert, les
pieds passés dans les étriers sur lesquels tombent
des chaussettes rapiécées, se promenant gracieu-
sement sur un cheval étique.

Parfois le Turc est de race et le cheval aussi.
C'est alors un brillant effendi, un pacha *di primo
cartello*, un officier supérieur qui traverse la rue
en uniforme ou en redingote bleue à une rangée

de boutons et coiffé de l'immuable fez rouge. Il
est suivi d'un *cawas* également à cheval, martial
dans sa tournure et richement vêtu. On retrouve
dans les cavalcades les vieilles selles turques, re-
courbées et enrichies d'or et pierres précieuses,
telles qu'on peut les voir encore au musée des souverains, à Paris.

Je suis parti de Péra avec l'intention d'arriver
au Bazar et de n'en plus sortir. Au moment où
j'y mets le pied, je m'aperçois qu'il est temps de
finir ma lettre, sous peine d'envahir tout le journal. Car le bazar turc est une de ces curiosités qui
réclament les développements les plus circonstan-
ciés. Le Bazar, sorte de grand marché national,
se décompose en une infinité d'allées dont chacune a sa spécialité différente et pittoresque. C'est
une ville de commerce couverte et distribuée mé-
thodiquement ; il y a la rue des orfèvres, celle des
joailliers, celle des drapiers ; ici l'on vend des
parfums , là des chaussures , plus loin des
chapeaux.

On vous offre à droite des potages fumants et
des plats de riz qui embaument ; à gauche, une

main tentatrice fait briller les diamants et les
perles fines. Une voix vous appelle pour vous
exhiber les tapis les plus riches et les burnous les
plus séduisants.

Avant que nous ayons le temps de nous reconnaître, cinquante boutiques se sont ouvertes,
cinquante marchands nous ont fait des avances.
Chacun parle une langue différente pour tâcher
de découvrir la nôtre. Au premier mot français
que nous prononçons, et qui, sauf votre respect,
cher maître, a été celui-ci : « Vous m'embêtez à la
fin ! » justifié par les circonstances, les cent cinquante satellites qui gravitaient autour de nous
se sont mis à parler la langue de Corneille avec
une déplorable facilité. L'un d'eux, plus tenace
que les autres, ne nous lâche plus : il se cram-
ponne à moi et me tire par les bras, je tire Heugel, tiraillé lui-même d'un autre côté, et nous
finissons par échouer sur un divan moëlleux,
dans une boutique de modeste apparence, suant,
maugréant, décoiffés, débraillés, meurtris et
furieux.

Aussitôt on nous apporte deux tasses de café

ture sur un plateau historié, et l'on nous tend une blague pleine du tabac le plus blond et le plus parfumé; nous moulons une cigarette, et un jeune gamin, tenant à la main une pincette terminée par un charbon ardent, y met le feu avec un sourire des plus agréables.

XXI

Le Bazar. — Ali-Baba ou les quarante voleurs. — Les boutiques d'Armide. — Séductions, chatoiement, fascination. —
Le *Bezestin*. — La rue des Chibouques. — Comment on
fait un chibouque. — Le tuyau. — Le *lulé*. — Le bou-
quet. — L'essence de roses.

Constantinople, 22 septembre.

Le Bazar est une réunion de rues marchandes,
reliées entre elles par un toit et s'étendant à l'infini. Il faudrait plusieurs jours pour parcourir les
rues et en prendre une idée suffisante. Ce qui in-
téresse le promeneur, c'est d'abord le mouvement,
l'agglomération du public qui encombre ces ave-
nues, et ensuite les richesses dont elles sont remplies.

Le Bazar ne peut guère se comparer qu'à la

caverne d'Alibaba. Comme cette immortelle caverne, il contient les choses les plus merveilleuses
et les plus splendides ; comme cette caverne, également, il appartient à un certain nombre de particuliers qui, sauf deux ou trois exceptions, que
je ne veux pas nommer, pour un motif que l'on
conçoit, méritent l'épithète que les *Mille et une
nuits* donnent aux quarante propriétaires de la caverne aux trésors.

On se fait ouvrir la caverne au moyen d'un sé-
same en or monnayé qui vous est très-habilement
extirpé, comme on va le voir.

Si vous parcourez le Bazar, vous vous intéressez
rapidement au remue-ménage qui vous entoure.
Vous êtes curieux de tout ce que vous voyez, vous
vous égarez à plaisir dans les méandres formées
par toutes ces rues qui se croisent et qui se disputent l'attention par la variété de leurs marchandises. Et cependant les marchands turcs font peu
d'étalage ; leur boutique se compose d'un carré
entouré d'armoires.

Ces armoires contiennent les fameuses merveilles que je vous annonce : la montre se réduit à un

divan sur lequel sont assis le patron et ses em
ployés, fumant et buvant du café. Quelques ori-
peaux peu tentateurs invitent le voyageur à entrer.
Mais autour de vous se pressent une grande
quantité d'êtres bizarres, qui ne font pas d'autre
métier que de séduire le passant et de l'entraîner
dans une boutique qui les paye à cet effet. Pour
peu que vous ayez l'air étranger, vous êtes aussitôt
harcelé, tourmenté, ahuri, sollicité et finalement
entraîné vers un magasin quelconque.

Ceci nous arriva, malgré notre ferme volonté de
ne pas nous laisser séduire. Décidés à rapporter à
Paris de nombreux échantillons de l'industrie
turque ; mais après avoir pris l'avis d'une personne compétente, nous étions venus au Bazar
pour lui faire une visite platonique, sans autre
but.

Nous n'avions pas fait cent cinquante pas dans
l'une des rues, admirant les babouches appendues
aux vitrines, contemplant les diamants scintillant
à la montre d'un bijoutier que nous fûmes bientôt talonnés par un homme à fez, dont nous ne
nous défiâmes point.

Nous eûmes beau déclarer que nous ne voulions rien acheter, le marchand, insidieux et malin, nous répondit que cela ne nous engageait à rien, que nous n'étions pas forcés de consommer.

La même invitation d'ailleurs nous était faite de plusieurs côtés, et ce fut autant pour nous délivrer que surexcités par notre avidité de voyageurs, que nous nous laissâmes entraîner par le marchand turc.

Heugel tremblait que je ne me laissasse aller à acheter sans avoir consulté quelqu'un qui pût nous renseigner au juste sur les prix toujours exagérés.

Je le rassurai en lui montrant une devanture presque vide et ne contenant que de misérables étoffes sans valeur. Nous entrâmes. On nous fit asseoir sur un canapé, un garçon nous offrit un narghilé dont les grappes blondes saisissaient l'odorat, et un autre nous présenta deux tasses de café turc accompagnées d'un verre de mastic.

La fascination commençait. Nous ne pouvions pas résister.

A peine nous vit-on assis que le marchand ou-

vrit ses armoires et se mit à en tirer des trésors.
Burnous en cachemire brodés d'argent, vestes de
velours chamarréés d'or et de perles fines, chemi-
settes brodées, moelleuses et douces, souples
comme un gant, tapis de table en mosaïque,
d'une richesse de desseins et de couleurs absolument irrésistible, coussins offrant les trames les
plus délicates et lesplus magiques sur des fonds
rouges et bleus, éclatant à l'œil. Que sais-je ? Pourpre, tissus de Tyr, broderies de Trébizonde, tapis
de Smyrne, tuniques de soie et de velours, cache-
mires éblouissants, ceintures, fichus, cravates, un
monde de couleurs, d'étoffes, d'or, d'argent, de
pierreries se mit à ruisseler à nos yeux comme
une apothéose deféerie.

Nos mains en frissonnaient, nos yeux ne pouvaient se lasser d'admirer ; vainement nous cher-
chions à échapper à la séduction. Le marchand
avait des façons particulières de faire briller le
cachemire, de faire crier la soie, de déployer le
velours. Je me hasardai à demander les prix. On
me répondit par un chiffre exorbitant. Je ripostai
par une offre plus faible ; le marchand fit le geste

de rentrer sa marchandise ; Heugel eut un soupir ; on proposa un moyen mixte : j'offris soixante pour cent de rabais.

Le marchand accepta ; vous entendez bien, il accepta à soixante pour cent de rabais, et quand nous montrâmes nos acquisitions à la personne compétente dont je vous ai parlé, il me fut répondu que nous avions été refaits de vingt pour cent encore.

— *Zuze* un peu, mon *pitchoun* (comme dit un aimable Marseillais dont j'ai fait connaissance à Stamboul).

Tout exploités que nous étions, nous emportions des marchandises à un prix qui semblerait dérisoire à Paris, et qui nous fera bien des envieux parmi ceux que nous admettrons à visiter notre musée.

Il y a surtout un burnous bleu de ciel, — mais cela ne vous regarde pas.

Il paraît certain que l'on nous a pris, en dehors du bénéfice légal du marchand, une somme supplémentaire de cent francs à peu près, qui, d'après les usages du Bazar, a été, après notre départ, partagée entre les cinq ou six intermédiares qui nous ont entraînés vers le repaire en question.

Je donne tous ces détails pour éclairer mes contemporains. N'allez jamais au Bazar à Stamboul avec un guide, il partage avec le marchand. N'en prenez pas un au Bazar, c'est la même chose ; tâchez d'être seul dans la boutique avec le marchand, éloignez tout le monde, refusez d'acheter énergiquement en tout autre cas : — vous aurez chance de ne pas être volé ; ou bien, ce qui vaut le mieux, faites-vous conduire au Bazar par un habitant du pays dans lequel vous avez le droit d'avoir quelque confiance.

Je ne passerai pas en revue toutes les spécialités du Bazar de Stamboul. En thèse générale, il suffit de connaître un marchand pour qu'il se charge de vous procurer tous les objets qui peuvent vous plaire, depuis une bouteille de cognac jusqu'au sabre d'Haroun-al-Raschid.

Ce qu'il faut voir, c'est le Bezestin ; un autre bazar dans le Bazar. Celui-là est spécialement affecté aux antiquités; vous y trouvez les armes de tous les temps et de tous les mondes : les cimeterres arabes enrichis de diamants, les lames damasquinées de la Perse, les selles des califes de Bagdad, les fusils incrustés des guerriers du Levant. Une promenade au Bezestin ruinerait deux familles Rothschild; on sort de là ébloui, malade, fasciné, envieux, avide et découragé...

Pardonnez, Seigneur; je me tais, car je souffre.

Ce qui est moins cher, moins désolant et tout aussi intéressant, c'est une promenade dans la rue des Chibouques.

Je ne vous décrirai pas le chibouque, mais je vous apprendrai comment il se fait et comme il s'acquiert.

J'avais envie d'un chibouque. Guidé par une main amie, je m'arrêtai d'abord devant un marchand de tuyaux. Ce marchand, qui habitait une mauvaise échoppe, me tira d'une armoire quantité de branches de jasmin et de cerisier, droites et flexibles, dans lesquelles il me fut permis de choisir. On me conseilla de prendre mon jasmin un peu épais et très-blanc; j'obéis, et je montrai au marchand la branche qui me plaisait le plus. Cela

se vend au centimètre, en marchandant toujours
bien entendu.

Je me fis couper un tuyau d'un nombre raisonnable de centimètres. L'acquisition achevée, il
fallut forer le tuyau. Le marchand, qui est en
même temps fabricant, s'accroupit, pique le bâton
sur une sorte de pal qui est mis en mouvement
par une bobine tournant par un fil, comme les mou-
lins d'un sou.

La perforation s'opère rapidement. Le marchand nettoie le tuyau, en taille le bout où doit
s'adapter le fourneau, reçoit votre argent, et vous
souhaite un bon voyage.

On prend son tuyau qui jusque là ne ressemble
pas mal à une canne et l'on se rend chez le marchand de fourneaux. Le fourneau de pipe s'appelle en turc *lulé*. Les lulés sont de formes nombreuses, mais en général tous de même matière.
On s'en sert beaucoup à Paris, d'ailleurs, et tout
le monde connaît suffisamment ces fourneaux en
terre rouge, parfois ornés d'arabesques d'or. Les
plus beaux ne se vendent pas plus de six piastres
à Constantinople, c'est-à-dire un franc vingt-cinq

centimes. A Paris les même se vendent cinq et six francs.

Après le fourneau, il faut le bouquin. Le bouquin se compose de quatre pièces qui s'achètent à part : un bout d'ambre pour mettre à la bouche, un anneau généralement taillé dans une pierre dure comme le jaspe, et qui est susceptible de mille variations, et un autre anneau plus épais, cylindrique, en ambre comme le premier. Ces trois objets, perforés en leur milieu, sont traversés par une tige en bois spécial, dont le bout est destiné à tremper dans l'orifice supérieur du tuyau de jasmin.

Voilà le chibouque dans sa simplicité biblique. C'est tout un poëme à décrire ; j'en ai tracé le premier chant, et je laisse à de plus inspirés le soin d'achever l'œuvre ; je puis cependant indiquer sa conclusion. Quant on achète un chibouque, on ne peut pas le fumer. Il faut être accroupi, avoir son chibouque posé par terre, dans une soucoupe, pour ne pas brûler le parquet, et acheter un esclave spécialement chargé d'allumer le chibouque et de le nettoyer.

Ne sortons pas du Bazar sans passer par la rue des Parfumeurs. C'est chez eux qu'on trouve les chapelets en cristal, que les Turcs égrènent avec tant de passion, et ces flacons d'essence de roses, sur lesquels on est si souvent trompé.

Il y a autant de qualités d'essence de roses, que d'étoiles du ciel. Un flacon d'essence de roses coûte 20 sous ou 20 francs, selon son contenu. On en consomme considérablement à Constantinople, et il y a dans les Balkans trente ou quarante villages qui ne vivent que de la distillation des roses.

L'odeur de l'essence est horriblement pénétrante; il est impossible de rester dans une boutique de parfumeur à Stamboul plus de cinq minutes sans être absolument incommodé. Cependant les flacons sont hermétiquement bouchés, et, malgré l'épaisseur du verre et l'étroite adhérence du bouchon, le parfum s'exale à une distance de plusieurs centaines de mètres. Le voyageur qui se rendra à ce bazar pour acheter de l'essence de roses n'aura pas besoin de prendre un autre guide que son nez.

XXII

Constantinople, 23 septembre.

Comme toutes les villes de l'Orient, Constantinople n'est pas fait pour qu'on y dorme. Les
jours y sont brûlants, les nuits y sont tièdes et
splendidement éclairées. La lune a des lueurs
argentées d'une merveilleuse clarté et le ciel y
paraît d'un bleu qui n'a pas son pareil en Occident.
Cependant, à partir de huit heures du soir, Constantinople dort ou vit au fond des harems, entre
des tentures de Perse et sur des divans moelleux.
La vie extérieure est éteinte. Privés de gaz, les

rares habitants de Stamboul et de Galata qui se hasardent la nuit, ne peuvent sortir qu'avec une lanterne. Les chiens occupent seuls les rues désertes et y hurlent lamentablement. Péra conserve cependant un peu de l'activité et du mouvement européen. Jusqu'à minuit il y a du monde dans la rue ; le gaz a conquis ses droits de cité dans le haut faubourg, mais là seulement.

Je suis mal tombé pour vous parler des plaisirs nocturnes de Péra. Quoique toujours très-habité et très-visité, Péra est en train de ressusciter. Le fameux incendie de 1870 a réduit en cendres les plus belles maisons de la ville et a ruiné les plus beaux quartiers. On passe trois heures à visiter les dégâts causés par les flammes et à regretter les monuments qui ont disparu.

A toute chose malheur est bon, les Pérotes construisent en pierre au lieu de bâtir en bois ; ils font des rues larges accessibles aux voitures, et travaillent pour l'avenir. En attendant tout est décombre et désert.

Aussi pas de théâtre. Le seul qui subsiste en-

core n'est pas ouvert en ce moment ; en revanche,
on trouve à Péra de nombreux cafés-concerts,
où l'orchestre est tenu par des femmes, la plupart Allemandes, et qui jouent les airs populaires
de tous les pays avec beaucoup d'entrain. Le service des consommations est également pratiqué
par des jeunes filles d'un abord facile. Cette inva
sion de l'élément féminin donne à tous ces cafés-
concerts un parfum d'élégance douteuse et de bon
goût équivoque. La promiscuité du buveur et de
la servante, du spectateur et de l'artiste admet
certaines familiarités, et établit entre la scène e_t
le public un constant échange de dialogues qu_i
ne sont pas dans le texte. Aussi est-il impossible
de demeurer dans ces bastringues sans en sortir
profondément écœuré. C'est au-dessous du *beu-
glant.*

Il y a heureusement quelques jardins publics
où l'on fait de la mauvaise musique, mais où l'on
respire un air pur. Nulle part à Péra on ne rencontre la société de Constantinople ; il faut aller
jusqu'à Thérapia ou jusqu'à Buykdéré pour se
trouver au milieu d'un monde acceptable,—l'été

du moins. Pour l'hiver, je suppose qu'il y a des bals particuliers et des réunions intimes où l'on peut se rencontrer.

Aussi, n'y a-t-il que des hommes dans ces lieux de plaisir dont j'ai parlé plus haut. Les femmes qui se respectent ne peuvent y mettre le pied, même les plus petites bourgeoises. C'est sans doute pour combattre la monotonie qui résulte d'une société d'hommes que les entrepreneurs ont eu l'idée de prendre des musiciens et des garçons femelles.

Quand on a épuisé la coupe de toutes ces voluptés de barrière, on va se coucher en soupirant, car il est difficile de dormir à Péra. Sans parler de la chaleur qui s'exhale du sol, sans nous appesantir sur les puces, punaises, moustiques et cancrelats qui ne chôment pas, nous reprocherons aux chiens errants de venir donner leurs concerts sous les fenêtres des voyageurs fatigués, et nous admirerons la conduite du fruitier, notre voisin.

Forcés de nous lever plusieurs fois la nuit pour ouvrir et fermer alternativement notre fenêtre ou pour échapper à des piqûres invisibles, nous avons observé en face de notre chambre un fruitier qui ne dormait jamais. Occupant une sorte de bicoque en planches, éclairé par une bougie cachée dans un panier, accroupi au milieu de ses pastèques et de ses raisins, cet homme, qu'il fût minuit, deux heures, quatre heures ou six heures, demeurait impassible à sa place, ne bougeant pas plus qu'un terme et fumant un nombre incalculable de cigarettes. Toujours pendant les huit jours que nous sommes restés à Péra, pendant les huit nuits où nous avons si mal dormi, nous avons vu constant, ferme, inébranlable dans sa boutique cet homme étrange, veillant au milieu de chiens hurlants, seul au monde, attendant un client qui ne pouvait pas venir, — toujours attentif, et aussi frais le matin que s'il venait de sortir du bain.

Nous l'avions surnommé le fruitier éternel. Est-ce un vœu? Est-il en carton? Dort-il debout? Est-ce un fanatique, électrisé, galvanisé par une volonté immuable comme les derviches tourneurs?... Allah le sait.

Comment trouvez-vous cette transition pour arriver à vous parler des derviches tourneurs? Je m'en empare avec joie, tout en vous déclarant que l'histoire du fruitier éternel est absolument vraie.

Le couvent du Tekké où habitent les derviches tourneurs est situé à Péra, vis-à-vis le petit champs des morts. C'est un édifice fort beau, en marbre colorié et magnifiquement entretenu. On construit en ce moment, devant le couvent, un superbe mausolée en marbre pour le dernier iman de la mosquée de Tekké, mort à l'âge de 112 ans.

Les derviches tourneurs sont réunis dans une salle hexagone et séparés du public par une balustrade. C'est vers deux heures et plusieurs fois par semaine qu'ils donnent leur représentation.

Quand nous prîmes nos places devant la balustrade, la cérémonie était commencée. Une cinquantaine de derviches, assis par terre, psalmodiaient à tour de rôle des versets du Coran. Ils faisaient demi-cercle autour de l'imān, jeune

homme maigre, barbu, jaune et pensif, qui occupait le fond de la salle, accroupi sur un tapis fort
riche. Le costume des derviches se compose à
première vue d'un bonnet de feutre gris, en forme
de bonnet à poil, et d'un grand manteau brun
qui les enveloppe jusqu'aux pieds. L'iman avait
un bonnet brun.

Après une série de prières, le silence se fit et
l'on entendit une musique plaintive et traînante,
partant d'une loge grillée et haut perchée. Ce sont
d'autres derviches qui jouent; l'un frappe sur un
tambour presque plat; un second tire des sons
d'un instrument dont le son ressemble à celui
d'une harpe à laquelle il manquerait des cordes.
Tout cela produit une mélopée triste, sans caractère, larmoyante et grinçante. Vous diriez d'une
vielle perfectionnée, où le même motif revient à
chaque instant, plus ou moins rapide, plus ou
moins saccadé.

A ce moment, les derviches se levèrent, et,
marchant l'un derrière l'autre, se mirent à suivre
l'iman, qui parcourut trois fois la circonférence
de la salle, en s'arrêtant, chaque fois, à l'endroit

où, sans doute, était l'Orient, pour se prosterner. Chaque derviche, à son tour, renouvelait la station et le salut.

Je regardais de tous mes yeux, quand je me sentis frapper sur l'épaule.

C'était l'excellent docteur Ricord, suivi du docteur Demarquay, qui, comme on se rappelle, étaient arrivés à Constantinople quelques jours avant nous.

Après les premières phrases de rigueur en pareille circonstance, nous entendîmes des *chut* énergiques, et nous essuyâmes le feu de quelques regards turcs légèrement féroces.

Pendant ce temps, la procession s'était achevée; l'iman venait de se rasseoir, la musique avait pris une allure plus vive, et les derviches, ayant quitté leurs manteaux, nous apparurent, vêtus d'une veste blanche et d'un long jupon blanc tuyauté, sous lequel on apercevait des larges pantalons serrés aux tibias.

L'iman fit un signe, et soudain un premier derviche se détacha, croisa ses mains sur sa poitrine et se mit à tourner sur lui-même, lentement et sans bouger de place ; puis à mesure qu'il s'entraînait, il décroisa ses bras, les étendit en croix, pencha la tête sur l'épaule, et ses pieds valsèrent avec plus de rapidité. Le jupon tuyauté s'évasait autour de ses reins et formait comme une souple crinoline.

Un second derviche, puis un troisième, et insensiblement tous les autres se joignirent au premier, et chacun, sans s'occuper de son voisin, sans le voir, sans le heurter en passant, se mit à tourbillonner énergiquement. C'est en quelque sorte une glissade tournante, on dirait une collection de totons vivants, de toupies animées. Le visage de ces illuminés ressemble à un masque ; jaune et maigre, il se ride davantage, la bouche se crispe, les yeux se ferment ou plutôt, l'iris disparaissant, ils deviennent ce qu'on appelle les *yeux blancs*. Ainsi pendant une heure, avec des intervalles peu prolongés. Au bout d'un quart d'heure, on entend bruire les poitrines oppressées, une odeur pénétrante et âcre vous saisit à la gorge.

Les derviches s'enivrent de plus en plus, et

tournent à donner le vertige. Quand ils s'arrêtent, on les voit trembler sur leurs jambes, ils ne peuvent plus se tenir. Entraînés par la danse, ils ressemblent à ces chevaux qui galopent et qui tombent dès qu'ils n'ont plus l'éperon au flanc. Le docteur Demarquay m'expliquait scientifiquement ce phénomène étrange de l'extase magnétique ; je l'ai prié de me donner une note, il est parti sans me la donner. Je me borne donc à constater le fait, sans en expliquer les causes.

Quant au docteur Ricord, il ne cessait de contempler ce spectacle étrange et effroyable à voir. J'ai atténué autant que possible l'horreur de cette valse infernale, mais c'est à soulever le cœur le plus résolu. Je n'ai point attendu la fin ; on m'a dit que le plus grand nombre des tourneurs finissait par tomber exténué et quasi mort. Je me contente de le croire.

Le fanatisme religieux de tous les peuples a pu donner des exemples de pareilles macérations ; mais il ne peut y en avoir une qui révolte à un plus haut degré le cœur et le bon sens.

Il paraît que ces exercices sont très-appréciés

par les dévots turcs, et que les derviches tourneurs reçoivent des subsides considérables. Ils
sont très-riches et peu nombreux. On m'a montré
en dehors de la splendide mosquée du Tekké un
grand nombre de propriétés qui sont à eux. Nous
revînmes chez nous profondément désillusionnés.
Le docteur Ricord faisait des réflexions très justes,
mais que je me garderai bien de répéter ici, pour
des raisons toutes politiques, et le docteur Demarquay nous expliquait le fanatisme par le ma-
gnétisme.

XXIII

Déjeuner chez le docteur Ricord. — Les inconvénients de la
célébrité. — Départ des docteurs. — Le caïque. La Corne-
d'Or. — Les eaux douces d'Europe. — M. Vital Cuinet. —
La nostalgie de Constantinople. — La Sublime Porte. —
Les firmans. — Le *Cawas*.

Constantinople, 24 septembre.

Nous allons déjeuner chez le docteur Ricord.
A la porte de son hôtel, le portier nous fait subir
un interrogatoire. On suppose que nous venons
pour une consultation, et malgré nos dénégations,
on refuse de prendre nos cartes pour les présenter au docteur. Heureusement, son domestique
passe : il nous reconnaît, nous précède et nous
introduit dans la salle à manger.

Conviés pour dix heures, nous n'avons commencé à déjeuner qu'à midi. Le docteur Ricord

15.

partait à quatre heures pour la Grèce, et il nous a conté ses tribulations à Constantinople, ou plutôt il nous y a fait assister. Toutes les cinq minutes on lui apportait une carte, on lui annonçait une visite qui l'obligeait à nous quitter pour se rendre à la consultation qu'on lui demandait.

Le docteur n'osait refuser des conseils à personne.

— Que voulez-vous? nous disait-il avec cette bonne humeur qui le caractérise, j'ai reçu un si bon accueil de tous ces gens-là que je ne puis refuser de les recevoir; mais ils ont tant fait que je n'ai rien vu de Constantinople.

Le déjeuner se composait de cinq plats et de trente-huit visites. Encore le docteur Ricord restait-il chez lui. Quant au docteur Demarquay, il était en visite depuis le matin. On l'appelait de tous les côtés. Le docteur Ricord nous avait même fortement inquiétés en nous disant :

— Nous attendons Demarquay: il a été faire une visite en Asie !

En Asie !

Vous, cher monsieur, qui lisez ces lignes, vous

pouvez vous faire une idée de ces mots sur des Parisiens affamés : — Nous déjeunerons quand Demarquay sera revenu d'Asie.

M. Demarquay revint d'Asie très-rapidement. Le docteur Ricord nous racontait ses impressions sur la Turquie.

— Avez-vous remarqué, nous disait-il, comme les chiens de ce pays ont fini par ressembler à de véritables Turcs : ils sont impassibles comme eux, se couchent dans la rue, boivent du café, et il y en a qui fument.

Notre conversation fut plusieurs fois interrompue par de nouvelles visites.

— Et Demarquay prétend qu'il me fait faire un voyage d'agrément, nous disait le docteur en revenant.

— Je vous avais bien dit, mon cher maître, répondait M. Demarquay, d'ajouter un *i* à votre nom, de vous mettre un faux nez et de vous faire passer pour un ténor italien.

— Bah ! vous auriez toujours été reconnu, docteur, repris-je à mon tour. Vous êtes facile à suivre, — même en voyage.

L'heure s'avançait; nous descendîmes, avec les deux docteurs, vers le bateau qui les attendait en rade. Je n'exagère rien en disant qu'ils furent arrêtés sept à huit fois en route par de très-illustres personnages qui les consultèrent chemin faisant.

En montant sur le pont du *Tage*, le docteur Ricord continua à trouver des clients. Il nous pria de l'excuser, s'enferma dans la cabine du capitaine et donna des audiences.

— Ce sera comme ça pendant toute la route, nous dit Demarquay. Peut-être serons-nous tranquilles à Athènes.

— N'en croyez rien, lui dis-je en descendant, j'y vais télégraphier votre arrivée.

Le moment du départ approchant, nous allâmes serrer la main au docteur Ricord et lui souhaiter une heureuse traversée.

— J'espère, cher maître, lui dis-je, que vous garderez un bon souvenir de nous. Nous sommes les seuls qui ne vous avons rien demandé.

— Est-ce que vous le regrettez? nous répondit-il, avec son fin sourire.

Un quart d'heure après, le *Tage* filait à toute
vapeur dans la Marmara et disparaissait derrière
l'île des Princes, emportant à son bord ces deux
hommes si simples et si bons, si jeunes, si gais et
si bienveillants. Notre barque traversa le pont de
la Corne-d'Or et se dirigea vers les Eaux douces
d'Europe, une des plus jolies promenades de
Constantinople.

Rien n'est plus ravissant que de suivre en caïque les bords si vivants et si variés de la Corne-
d'Or. Le caïque est un bateau très-étroit et très-
long, souple comme un cygne, sensible comme
une girouette. Il se compose de deux bancs pour
les rameurs, quelquefois de trois, et d'une sorte
de carré disposé à l'arrière et garni de coussins
où l'on s'asseoit à la turque, en essayant de ne
point bouger. En effet, le moindre choc, le plus
léger mouvement peut faire chavirer la frêle em-
barcation ; il faut avoir l'impassibilité et l'immo-
bilité orientales pour se servir de ces légers
esquifs. C'est à peine si, avec mille précautions,
on peut parvenir à rouler une cigarette ; mais, en
revanche, quand on a trouvé sa position, le ba-

teau bien équilibré fend les eaux, glisse d'une allure rapide, gracieuse, et vous berce avec une volupté sans pareille.

Les *caidji* sont des gondoliers d'une rare adresse et rament avec une légèreté parfaite. Ils sont Turcs pour la plupart, très-sobres, très-honnêtes et très-habiles. Ils portent un costume simple et pittoresque, qui se compose d'un large pantalon de toile blanche et d'une veste échancrée sur la poitrine nue et hâlée. Tout cela est plus ou moins orné, selon le caïque et suivant la fortune et le rang du propriétaire.

Il faut une bonne heure pour aller aux Eaux douces d'Europe. Elles sont en quelque sorte l'affluent de la Corne-d'Or.

Le Bosphore forme un Y, dont l'une des branches est la mer de Marmara et l'autre la Corne-d'Or. Cette dernière est ainsi nommée parce qu'elle forme une corne de bélier qui englobe plusieurs faubourgs de la ville. Jusqu'à l'entrée des Eaux douces, elle est large et sillonnée de mille barques et de nombreux bateaux à vapeur qui desservent les villages riverains, qui font toujours partie de Constantinople en portant des noms différents.

Puis la Corne-d'Or se rétrécit et se transforme en une rivière semblable à la petite rivière d'Arques que tout le monde connaît, aux environs de Dieppe. Elle devient même si étroite qu'il faut quitter le caïque, descendre à terre et remonter son lit à pied. C'est une délicieuse promenade, dans un vallon boisé, où l'on rencontre tour à tour un superbe palais qui appartient au sultan et une ferme primitive, où l'on boit de succulent lait caillé. Le vendredi, en hiver, les Eaux douces servent de lieu de réunion à la société turque, et les Européens curieux peuvent y rencontrer, sous leurs voiles épais, les femmes des harems les plus renommés de Constantinople.

En rentrant à notre hôtel, nous trouvâmes une lettre qui nous donnait rendez-vous le lendemain matin à la Sublime Porte pour y prendre des firmans destinés à nous ouvrir les palais et les mosquées de la capitale. Cette lettre nous venait de M. Vital Cuinet, le plus aimable des guides, et grâce auquel nous avons pu voir et connaître Constantinople dans tous ses détails.

M. Vital Cuinet est un Français, qui habite depuis seize ans les bords du Bosphore et qui y a trouvé une autre patrie. Il nous a avoué que, dans ses fréquents voyages à Paris, il emporte toujours le regret de Constantinople; qu'il ne peut supporter le trottoir de nos faubourgs et l'asphalte de nos boulevards, et qu'il souffre partout ailleurs que sur le pavé rocailleux et fantastique de Péra et de Galata. Notre excellent cicerone, M. Cuinet, a fini par être plus Turc que les Turcs, tout en restant Français de cœur, d'habitudes et de costume.

Du moins, il honore la colonie à Constantinople, ce qui n'est malheureusement pas le cas de tous nos compatriotes dans le Levant, et nous avons profité de tous les respects, de toutes les gracieusetés et de toutes les amitiés que M. Cuinet a su s'attirer depuis son séjour sur le Bosphore. Je me suis expliqué l'indifférence de notre guide pour Paris et son amour pour Constantinople en allant le voir. Marié à Constantinople, M. Cuinet vit dans une jolie maison, à Péra, avec

une jeune femme charmante et deux bébés délicieux, dont l'un âgé de six ans, vous parle le
turc, le français, l'italien, et surtout le grec à faire
rougir Démosthène.

En conséquence, le lendemain, à dix heures,
nous pénétrâmes, avec M. Cuinet, dans le cabinet d'un attaché du ministre de l'intérieur, qui
nous libella, séance tenante, une série de firmans
et nous adjoignit, avec une courtoisie charmante,
un superbe cawas, en uniforme et à cheval, destiné à nous escorter et à faciliter nos excursions.

On ne me pardonnerait pas de laisser sous silence la Sublime Porte, où nous furent remis
nos firmans. Ce mot : *Sublime Porte* peut faire
croire au lecteur qu'il s'agit de quelque magnifique portique attenant à un palais non moins superbe. Il n'en est rien. La Sublime Porte, siége
du gouvernement ottoman, est un vulgaire bâtiment, très-bas, oblong, composé de corridors
étroits, ouvrant sur des cabinets mesquins, et
dans lequel on triture les affaires de l'État.

L'édifice est très-vaste et contient le grand vizi-
rat, ainsi que plusieurs ministères. Comme dans

nos administrations, il y a dans les corridors
nombre de solliciteurs qui font le pied de grue ;
beaucoup d'huissiers en fez qui fument des cigarettes, et dans les cabinets, de braves employés
qui se mettent à plusieurs pour ne rien faire.

XXIV

25 septembre.

Les Turcs ne sont pas curieux des beaux édi-
fices et des œuvres de l'art. Leur religion leur
défend les images; leur sol ne produit ni la pierre
de taille ni le marbre. Le sentiment qu'ils ont du
néant des choses humaines les empêche de rien
construire de durable. Aussi n'y a-t-il chez eux
aucun monument digne d'être cité, à moins de
s'occuper exclusivement des palais du sultan, qui

sont nombreux, fort riches, et décorés de tout le luxe contemporain.

Le sultan a une douzaine de palais ou sérails, semés un peu partout le long des rives du Bosphore. Qui en a vu un les a vus tous : c'est une suite d'appartements princiers, peints et dorés, meublés par des tapissiers de Paris, bâtis dans un style cosmopolite de tous les goûts et de toutes les époques.

Le vieux sérail, l'ancien palais des sultans, mérite à peine d'être mentionné. Il est surtout remarquable par les souvenirs qu'il garde et par la position exceptionnelle qu'il occupe sur le Bosphore.

L'emplacement où il est construit s'appelle précisément la Pointe du Sérail. On sait que Stamboul forme un triangle dont la base regarde l'Europe et le sommet l'Asie. C'est à ce sommet qu'est la Pointe-du-Sérail, penchée tout à la fois sur le Bosphore et la Marmara et dardée vers Scutari ; le terrain descend en pente et l'on montre encore le plan incliné le long duquel roulaient, vers les eaux bleues du Bosphore, les sacs où l'on enfermait les épouses infidèles.

De ce promontoire, on a une vue exceptionnelle sur le Bosphore et la Marmara, sur l'Europe et l'Asie, sur tout le merveilleux panorama de Constantinople. Quant au vieux sérail lui-même, il a été à demi brûlé par un de ces incendies qui sont si fréquents à Constantinople. Aujourd'hui, il ne reste plus que quelques pavillons clair-semés au milieu d'une cour où poussent quelques fleurs et que dominent quelques beaux arbres. Une notable quantité de Turcs, gardiens de ce séjour abandonné, fument paisiblement leur narghilé et boivent le café en attendant le visiteur.

Nous eûmes le regret de déranger ces impassibles musulmans. Le *cawas* et le firman produisirent l'effet attendu, on nous ouvrit toutes les portes et, malgré notre permis officiel, nous dûmes répandre le backchis à pleine main.

Le *backchis*, c'est le pourboire poussé à ses dernières limites : c'est le pourboire élevé à la hauteur d'une institution. On donne des *backchis* pour tout et à propos de tout : vous louez une mai-

son, le propriétaire fait son prix, signe le contrat et vous demande un backchis. Le backchis
est répandu dans la meilleure société, il y a des
changements de ministère pour un backchis reçu
ou refusé. Au vieux sérail, par exemple, il y a six
pavillons à visiter, chaque pavillon a son gardien,
et chaque gardien vous demande son backchis.

Pour un premier backchis, nous fûmes admis
à visiter le kiosque de Badgad, une des construc-
tions turques les plus saisissantes qu'on puisse
imaginer. Il y fait frais au milieu des plus grandes
chaleurs, et la vue qui l'entoure est admirable.
Penché sur un promontoire, c'est un hexagone
dont chaque paroi est percée d'une large fenêtre.
Une galerie circulaire vitrée court tout autour du
kiosque ; de quelque coin qu'on se place, les yeux
embrassent toujours un horizon nouveau, un
point de vue qui n'est jamais le même. Quant au
kiosque, il est fort élevé, incrusté d'émaux fort
beaux et très-brillants et tout entouré de divans
aux mosaïques étincelantes. Dans cette retraite,
on se sent devenir Oriental : on comprend cette

volupté de se laisser aller sur ce divan presqu'au ras du sol et de fumer un peu d'opium, pour entrevoir dans un kief parfumé les délices du paradis de Mahomet.

Tous les Turcs riches ont des kiosques semblables, moins beaux et moins bien situés peut-être, mais tout aussi confortables, frais et isolés, pour y faire leur *kief*. Le *kief* n'a pas d'équivalent en français : ce n'est point le sommeil, ni l'assoupissement, ni le rêve, ni l'extase. C'est une sorte d'engourdissement doux et léger, un oubli complet du *moi* physique; c'est le prolongement de ce moment délicieux qui s'appelle le demi-sommeil et qui est si fugitif chez nous, puisqu'il se termine instantanément par le sommeil complet ou par le réveil sans merci.

Hélas ! nous n'avions pas le temps de nous livrer aux délices du kief. Le cawas marche devant nous et nous mène dans une sorte de musée où sont gardées les reliques des sultans. Je ne sais si le musée a quelque valeur historique, mais je puis affirmer que, pour un bijoutier, il a un prix inestimable. Ce ne sont que poignées de sabre

enrichies d'émeraudes et de rubis gros comme
une pomme ; que fusils damasquinés, incrustés ;
que selles et carapaçons si chargés d'or et de
pierreries, que le soleil en devait être jaloux ; que
casques aux aigrettes attachées par un seul diamant gros comme une noix.

Ajoutez à cette collection ces bagues dites che-
valières, dont le chaton est formé par un saphir
prodigieux, tasses à café, bonbonnières taillées
dans un morceau de jaspe, de jade ou de tur-
quoise. C'est bien là le rêve d'Aladin, qui paraît
si invraisemblable quand on lit les *Mille et une
Nuits,* et qui est devenu une réalité pour nous.
Nous avons vu autour de nous ruisseler les
pierres les plus merveilleuses et les plus écla-
tantes. C'est un déchaînement d'or et de diamant,
un feu de bengale de perles et de rubis, un
éblouissement de lumière électrique solidifiée.

Après une pareille exhibition, le reste ne devait
plus offrir aucun intérêt. L'Arsenal, où sont conservées les vieilles armes turques, et le musée
des costumes, nous ont paru très-pâles, et, de
fait, ils n'ont que peu de valeur.

Le musée des costumes, situé en ce moment
dans la mosquée de Sainte-Irène, est, sinon curieux, du moins amusant à visiter. On se croirait
au salon de Curtius. Figurez-vous cinq ou six cents
mannequins vêtus de tous les costumes turcs ima-
ginables, porteurs de têtes incroyables, pourvus
d'yeux en boules de loto et rehaussés de moustaches rébarbatives du dernier comique. Ils sont
destinés à porter, pour l'édification de la posté-
rité, les modes turques depuis le calife Omar jusqu'à nos jours. Il y a là le bonnet de feutre du derviche, le melon de l'eunuque, le fez du pacha, le
turban de l'homme du peuple, le cylindre du ja-
nissaire, sans compter les mille coiffures que j'oublie. J'en dirai autant des pantalons et des vestes.

Nous arrivons à Sainte-Sophie, la grande mosquée des Turcs, à laquelle ils ont conservé son
nom chrétien. Ils se sont contentés de la flanquer
de minarets assez élégants, de gratter les croix
peintes sur les murs et de faire couvrir assez im-
parfaitement les mosaïques qui représentaient
les saints. Sainte-Sophie n'en est pas moins un
temple admirable, d'une proportion infinie, d'une

hauteur vertigineuse, simple comme décoration,
et fort imposante comme style.

Il faut ôter ses chaussures pour pénétrer dans
l'église; les Turcs y entrent en babouches. Faute de
babouches, nous marchâmes nu-pieds. Les dalles
sont à cet effet revêtues de nattes de paille fort
douces au pied. Nous passâmes au milieu de plusieurs Turcs qui, accroupis par terre, lisaient le
Coran à haute voix, chacun pour son compte. Il
n'y a point d'office public dans les mosquées.
Trois fois par jour, le *muezzin*, sorte de sacristain
turc, monte en haut d'un minaret, et, d'une voix
nazillarde, appelle les fidèles à la prière du matin,
de midi ou du soir.

On montre aux étrangers le plan incliné par
lequel le sultan monte à sa loge, à cheval: les
Turcs ne conçoivent pas le sultan autrement qu'à
cheval. On fait voir aussi une sorte de tache vague,
qui est censée représenter le dessin de la main du
sultan Mohammed, le conquérant de Constantinople. On raconte qu'en arrivant à cheval à Sainte-
Sophie, au moment de l'office, il fut obligé de se
retenir au mur pour ne pas tomber. Ses mains

étaient teintes de sang et ont laissé leur trace sur le mur. Voilà la légende ; elle me paraît invraisemblable, ou bien Mohammed était un géant et son cheval un colosse, car l'empreinte est marquée à dix mètres du sol pour le moins.

En quittant Sainte-Sophie, on arrive presque aussitôt à la place del' Atmeidan, célèbre par le massacre des janissaires. La place et les rues avoisinantes ont été restaurées, le pavé y est neuf et facile, les maisons construites en pierre et alignées au cordeau. C'est le quartier élégant de Constantinople ; on peut s'y promener à pied ou en voiture, sans s'écorcher les pieds ou sans craindre les accidents.

Sur la place del' Atmeidan se trouvent les débris de la colonne Serpentine. Il n'en reste plus qu'un tronçon insignifiant ; tout auprès s'élève un obélisque en assez bon état, mais d'une hauteur et d'un calibre indignes d'une description. Quand j'aurai parlé des murailles de la ville, construites par les Romains et dont une partie est encore debout, quand j'aurai dit un mot de l'aqueduc de Constantin, dont on se sert encore aujourd'hui et qui domine la ville au-dessus du Phanar, je me serai acquitté de tous mes devoirs de touriste à l'égard de Constantinople.

Il est cependant encore un monument au centre de la ville qui n'offre aucun intérêt architectural, mais qui mérite une mention spéciale à cause de son importance. C'est la tour du Séraskier, sorte de phare très-élevé, planté sur un promontoire et qui plane de loin sur toute la ville et les faubourgs. C'est de cette tour que l'on signale les fréquents incendies qui désolent les villes et les villages du Bosphore. Peu de nuits se passent sans que le gardien de la tour de Séraskier ne signale, au moyen d'une ou plusieurs lanternes, que le feu vient de prendre à quelque quartier de Stamboul ou des faubourgs. La façon dont sont placées les lanternes indique aux divers postes de pompiers l'endroit exact où le fléau consomme ses ravages.

Une autre tour, située à Galata, sert de contrôle à la tour de Séraskier, et confirme les signaux de celle-ci avec des signaux équivalents.

J'ai dit que les incendies étaient fréquents à

Constantinople. Pour ma part, en huit jours, j'en ai vu deux, l'un dans un petit village de la Corne-d'Or, l'autre à Kadi-Keui, sur la rive d'Asie. Les Turcs en paraissaient peu préoccupés; c'est à peine si j'ai entendu parler le lendemain des désastres causés par le feu. Il ne s'agissait que de sept ou huit maisons en bois.

En allant par curiosité visiter les ruines de ces huit maisons, j'ai vu leurs propriétaires graves et impassibles, n'ayant plus pour toute fortune que les haillons qui les couvraient, fouiller les décombres avec un crochet en fer pour tâcher de ramasser quelques débris dans les cendres.

XXV

26 septembre 1872.

Le couvent des derviches hurleurs est situé à Scutari, sur la rive Asiatique. Il ne m'était pas permis de négliger cette excursion, quoiqu'on m'eût prévenu qu'elle n'offrait rien de plaisant ni même de curieux. Mais l'Asie était si près que je n'hésitai pas à m'y rendre, au risque d'en revenir désillusionné. Un quart d'heure de bateau à vapeur nous séparait seulement de la terre promise; en quelques tours de roues, nous touchâmes la

terre d'Asie et, montés sur nos deux ânes pacifi-
ques, nous nous rendîmes à la mosquée des derviches.

Scutari est un joli village, pittoresquement ju-
ché sur une colline boisée. Comme à Stamboul,
les Turcs grouillent dans les rues et y font toutes
sortes de cuisines; on grimpe à travers des pavés
effondrés et des cailloux piquants. On y rencontre
nombre de troupeaux de buffles, aux cornes me-
naçantes, dirigés par un enfant armé d'un bâton.

Au bout de dix minutes, des cris étranges,
partis d'une maison voisine, vous avertissent que
vous êtes arrivé. On met pied à terre, on passe
des babouches par-dessus ses bottines, et on entre.

Le couvent des derviches hurleurs est loin d'être
aussi luxueux que celui des derviches tourneurs,
mais il est plus sévère et d'un aspect plus menaçant. Une grande pièce carrée et nue, entourée
d'une balustrade; le long des murs, des fez accro-
chés et une quantité d'instruments en fer et en
acier, aux formes étranges et terrifiantes. A terre,
assis sur des carreaux, les derviches, les imans

et les santons, qui ont acquis le droit de ne plus
participer aux terribles macérations de leurs dis-
ciples. Au milieu de la chambre, sur un large tapis, six derviches d'un certain âge, chantent à
tour de rôle des versets du Coran; enfin, au fond,
le long du mur, rangés en une file, les hurleurs
livrés à toute leur frénésie.

Ces hurleurs, qui ne sont point des derviches,
sont de simples croyants, qui par conviction ou
par misère se livrent au singulier exercice que
nous allons essayer de décrire.

Coiffés d'un bonnet de toile blanche pour remplacer le fez qu'ils ont accroché au mur en en-
trant, vêtus de leurs haillons journaliers, ils se
ruent les uns contre les autres et se livrent à un
balancement monotone qui se décompose en trois
mouvements; ils se haussent sur leurs pointes
pour retomber sur leurs talons, courbent l'échine
en deux et inclinent leur tête d'arrière en avant.
Ce triple mouvement se fait simultanément et
avec un ensemble parfait. Pendant ce temps, ils
crient à tue-tête cet éternel refrain : *Allah ou la la!*
C'est du moins ce que j'ai entendu.

Celui qui crie le plus fort est agréable à Dieu ; aussi les hurlements qu'ils émettent sont-ils féroces. Au bout d'une demi-heure, les plus ardents sont enroués, leur poitrine s'essouffle, leur voix devient gutturale, rauque, sifflante. On dirait que le poumon va se déchirer. Et toujours le corps se balance, la tête remue, les pieds se haussent et s'abaissent. De temps en temps, un assistant, pri de vertige, sort des rangs du public, va baiser la main à quelque derviche supérieur, change son fez pour un bonnet de toile et se mêle aux hurleurs. Un instant, sa voix fraîche domine le vacarme de ses compagnons, puis elle finit par s'y mêler et s'y confondre.

Le chantre qui psalmodie le Coran, accentue son débit et le précipite, le mouvement des hurleurs suit le rhythme qu'on lui imprime et leur voix devient rapide. Alors, ce ne sont plus des cris humains, ce sont des beuglements de fauves, des déchirements de gosier, des râclements d'instruments indescriptibles. Bientôt les lèvres écument, les mouvements se saccadent, les yeux s'injectent, la poitrine s'arrache, la voix se meurt dans une vocifération désespérée.

Ce spectacle dégoûte le plus intrépide, et fait mal au cœur et aux oreilles. De temps en temps, un hurleur épuisé tombe la face contre terre ; on le relève aussitôt et on l'emporte ; il est pâle comme un mort et ses habits ruissellent de sueur. D'autres saisissent les instruments de torture pendus aux murs et s'en frappent les joues ou la poitrine ; leur sang coule sans qu'ils laissent échapper d'autre cri que leur éternel : *Allah ou la la!* Après la cérémonie, qui dure une heure, on apporte des enfants malades au patriarche des derviches, qui monte sur leurs petits corps et les piétine. Les enfants crient à leur tour, ce qui est fort naturel, et il paraît qu'on les emporte guéris.

Je ne vous en dirai pas davantage. Au premier enfant, je suis parti, et j'ai vu dans la cour du couvent plusieurs femmes qui tenaient des enfants chétifs et malingres dans leurs bras et se disputaient à qui entrerait la première.

Il n'y a pas à discuter ni à critiquer avec le fanatisme religieux ; il faut raconter et accepter les faits tels qu'on les voit. C'est ce que j'ai fait. A vous de raisonner, de hausser les épaules ou rire. Quant à moi, je ne peux qu'avouer ici le sentiment d'horreur et de dégoût qui m'a soulevé le cœur.

Non loin de Scutari coulent les eaux douces d'Asie, dont l'embouchure s'ouvre sur un petit golfe du Bosphore. C'est la promenade favorite des Turcs, le vendredi. Le touriste européen y rencontre la société féminine de Constantinople dans toute sa splendeur.

Le lieu à la mode est un vaste pré vert, inondé de marchands d'eau, de cafetiers en plein vent et d'allumeurs de narguilhés. Au fond, le long d'un mur, se tiennent accroupies les femmes turques, enveloppées dans leur *feridjé*, qui n'est qu'un sac de couleur voyante et d'une étoffe variant suivant la qualité de celle qui la porte, et d'un *habarrah*, voile transparent, qui cache les trois quarts de la figure, les cheveux, les tempes et ne laisse apercevoir que deux yeux toujours noirs, grâce au *henné* dont on les peint.

Quand une femme turque laisse voir ses mains,

on remarque qu'elles sont revêtues de mitaines et
que le bout des doigts a été jauni par du bétel,
sorte de pâte jaune qui donne à la chair cette
couleur dont sont enduits les ongles des fumeurs
de cigarettes. C'est affreux, mais c'est élégant
dans le pays.

Toutes ces femmes, disgracieusement accroupies, ne disent pas un mot, regardent avec étonnement et rient pour la moindre des choses. Il
faut les regarder de loin, car elles sont tenues en
respect par une rangée de cawas et d'eunuques,
armés, et pourvus d'un œil féroce. Les femmes de
la haute société viennent aux Eaux douces en
voiture et s'arrêtent dans une allée latérale. On
les voit encore moins que les premières, mais
elles sont exactement vêtues et cachées de la
même manière.

Aussi est-ce un vain préjugé tout parisien que
de croire à la possibilité d'une bonne fortune en
Turquie. Qu'il y ait eu des intrigues entre un
Turc et une femme turque, c'est difficile, mais ce
n'est point impossible. Avec un Européen, le cas
ne s'est jamais présenté, ou s'il s'est présenté, il

a toujours fini malheureusement. En cette matière, les ambassades sont impuissantes, et d'ailleurs se refuseraient à user de leur influence. Un Européen surpris avec une femme turque serait mis à mort par la population, si les eunuques l'avaient ménagé.

On m'a raconté beaucoup d'histoires d'Européens cruellement bâtonnés, pour avoir innocemment suivi une voiture contenant des femmes turques. Je dis innocemment avec intention, car, malgré leur voile, les femmes turques ne se privent pas de lancer des œillades aux infortunés qu'elles rencontrent. Plus d'un, non prévenu, s'est laissé séduire par ce coup d'œil qu'il croyait significatif et par un sourire provoquant qu'il devinait sous la gaze. Il suivait la voiture, et une fois en rase campagne, se voyait saisi par quelques mains vigoureuses, qui le rouaient de coups et le laissaient quasiment mort sur la place.

Ne me demandez donc pas si les femmes turques sont jolies. Il est impossible de le voir ; le supposer, c'est chanceux. La taille est cachée, la

peau est voilée, les cheveux sont absolument invisibles, les mains sont peintes, les yeux sont
maquillés, et vous êtes toujours à trente mètres
de l'objectif. Il m'a cependant été donné de voir
chez le plus célèbre photographe de Péra, M. Ab-
dullah, homme aussi charmant qu'habile, artiste
aussi distingué que célèbre, le portrait de deux
femmes turques appartenant à l'un des plus hauts
personnages de l'empire ottoman. J'ai vu deux
femmes très-grasses et très-courtes, à l'air effaré
et au sourire contraint, d'une beauté commune
et sans éclat. Ce sont cependant les plus jolies du
harem en question.

Une fois sorti de Stamboul, on peut rencontrer
à Péra un grand nombre de femmes vêtues à l'européenne et portant les dernières modes de Paris.
Ce sont des Grecques ou des Arméniennes, fort
laides pour la plupart. Les don Juan de Péra qui,
parmi ces dernières, ont pu compter quelques
conquêtes, sont sans doute les auteurs de ces
bruits galants et flatteurs, dont les Parisiens sé-
dentaires se font les échos complaisants. Nous
tenons à rétablir la vérité et à rendre justice,

sinon à la vertu des femmes turques, du moins à la sévérité dont on les entoure et au soin avec lequel on garde leur fragilité innée.

XXV

Le tabac, qui s'appelle en turc le *tutu*, est une denrée de première nécessité en Turquie. Un Turc qui dépense quarante paras par jour, soit une piastre, c'est-à-dire un peu moins de cinq sous, achète dix paras de pain, dix paras de pastèque et vingt paras de tabac. Il se nourrit surtout de fumée, et c'est plaisir que de voir fumer la cigarette par un homme du peuple. Savourant délicieusement la vapeur parfumée, flatté par le goût doux et léger du tabac d'Orient, blond comme les blés, le fumeur ferme les yeux pour avaler la fumée, qu'il rend ensuite lentement, par petites bouffées et comme à regret.

Dès le matin, un Turc fait sa provision de tabac pour la journée ; c'est la première chose à laquelle il pense, et c'est aussi la dernière en se couchant. Pendant le jeûne du Ramazan, qui dure quarante jours, depuis le lever du soleil jusqu'à son coucher, les Turcs, gravement assis par terre, attendent le coup de canon qui doit annoncer le déclin de l'astre. On les voit, un quart d'heure avant ce moment, préparer une cigarette, qu'ils tournent d'une main fébrile et qu'ils allument dès que ce signal est donné. Chez nous, on aurait dans sa poche une croûte de pain ou quelque biscuit destiné à apaiser les réclamations d'un estomac mal satisfait. En Turquie, l'estomac se contente de fumée.

On nous avait parlé des marchands de tabac en Turquie. Déjà, sur notre route, nous avions aperçu, dans les villes les plus mal propres et les plus infimes, de superbes étalages de tabac. Sur un comptoir, muni d'une belle balance de cuivre, s'élevaient de gigantesques piles de *latakié* brun, de *dubèque* jaune comme de l'or, et de *tombe-ki* doux et parfumé comme des cheveux de femme. Dans de grands vases vitrés se pressaient des feuilles de tabac, destinées au narghilé.

Cependant, en arrivant à Constantinople, nous fûmes tout surpris de ne plus voir chez les marchands de tabac ces étalages délicieux, ces tas pittoresques de grappes dorées. Tout était morne chez le marchand de tabac, gravement accroupi et entouré d'une foule menaçante. Qu'était-il arrivé?

La Régie!

La terrible Régie avait mis sa main tyrannique sur l'industrie des tabacs. Le gouvernement turc, pressé d'argent, a vendu à une Société la ferme des tabacs; et quand nous arrivâmes à Constantinople, il y avait deux jours que le monopole avait commencé.

Ce qui valait 100 piastres l'oque, en vaut actuellement 400; ce que le Turc payait vingt paras lui revient aujourd'hui à soixante. Ajoutez que le tabac est mauvais et qu'il devient pire de jour en jour, et qu'on le vend cacheté dans de petits paquets, ce qui ôte aux amateurs le plaisir de choisir la qualité de leur tabac.

Pendant les deux premiers jours, le peuple n'a rien dit ; il avait fait une petite provision de tabac qui n'était point encore épuisée. Une fois la dernière cigarette brûlée, il alla chez le marchand de tabac, qui lui expliqua les nouvelles lois établies par le gouvernement.

Aussitôt la colère s'empare de mes impassibles Turcs, et les boutiques des marchands de tabac deviennent le théâtre de petites émeutes sans gravité encore.

Les Turcs ne peuvent plus fumer ! Il faut vivre à Constantinople pour comprendre la valeur de ces quatre mots. On raconte même à ce sujet des anecdotes assez drôles.

Un Persan, — c'est l'homme spirituel de l'Orient, — va chez un marchand de tabac, qui lui délivre un petit paquet cacheté, timbré et hermétiquement fermé.

Avant de le prendre, le Persan veut l'ouvrir pour vérifier la qualité du tabac.

— Non, dit le marchand, tu ne peux ouvrir le paquet avant de l'avoir payé ; tu dois t'en rapporter à ce que je te dis.

Le Persan ne dit rien, et demande combien il doit.

— C'est cinq piastres, reprend le marchand.

Le Persan tire de sa poche quelques paras, les enveloppe dans du papier et les offre au marchand.

Le marchand veut à son tour ouvrir le papier.

— Non, dit le Persan, ne regarde pas ce qu'il y a dedans ce papier, tu dois t'en rapporter à ma bonne foi.

A l'heure qu'il est, il y a déjà des couteaux ouverts. Plusieurs marchands ont été menacés. Quant au banquier Christos, qui a affermé la régie, il a reçu plusieurs lettres anonymes, qui lui donnent quinze jours pour résigner son marché, sous peine d'être assassiné.

Il a déjà été poursuivi dans la rue par des huées et des pierres, et n'a dû son salut qu'à un sac de livres turques qu'il a habilement semées dans

la foule, tandis que son cocher fouettait les chevaux.

Néanmoins on se préoccupe en haut lieu de ces
révolutions populaires, et le nouveau vizir est en
pourparlers avec le banquier Christos, pour rési-
lier le contrat. Il paraît qu'on a quelque peine à
s'entendre sur le règlement de l'indemnité. Le
chiffre est fixé à 160,000 livres turques, plus de
3 millions ; reste à savoir qui payera. Le banquier
prétend les recevoir pour se dédommager ; le gouvernement fait la même réflexion.

Je n'ai plus grand'chose à vous dire sur la Turquie. On m'a cependant montré le sultan se rendant à la mosquée, à cheval, un vendredi matin.
Abdul-Aziz-Khan est un bel homme, un peu bouffi,
un peu éteint, mais plein de dignité. Il a l'air de
s'ennuyer prodigieusement et se montre d'une
indifférence très-compréhensible pour le culte incessant dont il est environné ; son palais est un
foyer d'intrigues dont il est le pivot innocent. Le
véritable souverain de la Turquie est inconnu.
C'est quelque chambellan favori, quelque eunuque invisible ou quelque parent du sultan,

17.

plus intelligent et plus ambitieux que les autres.

Quant au sultan, il a l'air et le droit de se plaindre incessamment de sa grandeur qui l'attache à l'étiquette. Il ne ressemble en rien à ce calife Haroun-al-Raschid, qui se déguisait la nuit et allait se promener dans Bagdad avec son vizir Giafar. Elevé par les femmes, nourri dans le sérail sans en connaître les détours, blasé de bonne heure sur tous les genres de plaisir, vivant d'une autre vie, d'une autre civilisation, toujours placé sur un piédestal si haut qu'il n'en peut descendre, le sultal n'a rien à faire, ne peut rien faire et ne fait rien faire. C'est une idole vivante, qui doit se résigner à rester une idole.

Je termine ici mes observations rapides sur Constantinople. C'est un pays merveilleux, et qui, quoique j'en aie peu vu, me fournirait aisément plusieurs longues lettres à vous écrire encore. Tout y est matière à étude ; tout y parle à la curiosité, aux yeux, au cœur ; mais je dois compter avec la place et le temps.

Le bateau fume déjà dans le port. Un coup de

cloche a donné le signal du départ. Demain, je voguerai en plein Archipel, en pleine mythologie, en plein Homère.

XXVI

A bord de la *Gyptis*, 29 septembre.

Me voici installé à bord de la *Gyptis*, qui chauffe pour se rendre à Naples et à Marseille, à travers l'Archipel. Je vais rester plus de huit jours en mer ; mais comment faire autrement ? Puis-je prendre un de ces paquebots rapides qui s'arrêtent une heure aux Dardanelles, une demi-heure à Smyrne, un quart d'heure au Pirée, cinq minutes à Messine. Un tel voyage à la vapeur ne peut donner que des regrets ; c'est le voyage de Tantale, et nous sommes trop fidèles à nos souvenirs classiques pour passer en les dédaignant devant ces promontoires, ces îles et ces ruines qui nous ont cependant valu tant de pensums.

Nous avons, au reste, un excellent marcheur, qui n'a que ce défaut, pour nous précieuse qualité, de s'arrêter une journée entière aux échelles qu'il parcourt. Si l'on veut bien connaître les curiosités de l'Archipel et de la côte grecque, il ne faut pas hésiter à sacrifier quelque peu de son temps.

Il n'y a que deux compagnies françaises qui fassent le service entre Marseille et Constantinople. Encore les voyageurs se raréfient-ils tous les jours et choisissent-ils la voie de terre, plus prompte et moins périlleuse que la Méditerranée. Les Messageries, qui sont directes, emportent la plus grande partie de ceux qui restent ; quant à la compagnie Fraissinet, avec laquelle nous naviguons, elle se réserve les voyageurs qui vont d'une échelle à l'autre, ou bien encore les touristes qui, comme nous, ne craignent pas de perdre de temps en temps tout un jour à visiter quelque montagne classique ou des ruines chantées par Homère.

Je tiens en ce moment une belle occasion de

vous parler la langue marine et de jeter çà et là dans ma copie quelques bâbords intelligents, quelques tribords bien sentis, des *ris* à profusion et des *beaupré* à bouche-que-veux-tu. Je pourrais vous faire toute une lettre à la façon de nos anciens navigateurs, sur des tempêtes imaginaires et sur les manœuvres auxquelles elles ont donné lieu. Je n'en ferai rien ; seulement, j'emprunterai auxdits navigateurs leur système de publication ; je ferai comme eux mon journal du bord, où je consignerai chaque jour ce que j'aurai vu et observé.

Nous sommes fort peu de voyageurs pour nous rendre en France : c'est à l'heure du dîner qu'on se compte. Il y a le capitaine Thumin, le plus aimable, le plus doux et le plus instruit des marins ; le docteur du bord, nous deux et deux autres compagnons, dont l'un a cette précieuse qualité qu'il joue le whist comme un Anglais.

Le premier dîner est généralement froid. On se passe des hors d'œuvre avec une politesse compassée. Ceux qui se connaissent causent tout bas entre eux ; vers le milieu du repas, on s'anime un peu, une question faite au capitaine amène quelques observations qui éveillent la conversation générale. Le soir, sur le pont, on se passe du tabac ou du feu ; on se couche en se serrant la main, et le lendemain on ne peut plus se quitter.

L'intimité sur les bateaux est encore plus facile que dans les villes d'eaux ou dans les chemins de fer. La perspective de rester huit jours entiers entre quatre murs de bois, avec un horizon éternel de ciel et de mer, l'exacte similitude de vie détendent les réserves les plus absolues et forcent les relations.

C'est ainsi que pendant huit jours nous avons vécu côte à côte avec un communard des plus convaincus, mais des plus enragés ; que nous nous sommes disputés tous les jours sur les points qui nous divisent, et que nous souffrons aujourd'hui que le sort des voyages nous a séparés de cet aimable citoyen.

Les autres passagers sont des Turcs et des Grecs qui se rendent aux Échelles intermédiaires. A peine à bord, ils ont étalé des couvertures et des matelas sur le pont et s'y sont couchés. C'est à la même place qu'ils font eux-mêmes leur cuisine, sur des petits fourneaux portatifs, qu'ils fument leur chibouque et qu'ils jouent aux dés, le soir, au moyen d'une chandelle qu'ils ont tirée de leur poche. Jamais ils ne se promènent ; ils vivent plusieurs jours et plusieurs nuits à la même place, avec une résignation qui est incompatible avec le caractère occidental.

C'est surtout chez les femmes qu'on doit observer cette résignation en quelque sorte animale. Nous avons embarqué deux femmes turques, qui, selon l'usage oriental, se sont séparées des hommes et se sont fait une petite niche à part, sur la dunette. Dès leur entrée sur le bateau, elles se sont étendues par terre et n'ont plus bougé jusqu'à l'arrivée à Salonique. Chaque jour je les voyais à la même place, dans la même position, leur voile n'avait pas été dérangé et l'on aurait pu tracer autour de leur tête un cercle à la craie, sans qu'une ligne s'en fût effacée.

30 septembre.

Quand je me suis réveillé, le bateau était arrêté. Nous avions en face de nous une petite ville de la Marmara, Rodosto, qui fait très-bien de loin et qui est horrible de près. Nous descendons à terre, quoique nous ayons les reins brisés par la couchette du bord.

Je n'ai pas la prétention de vous apprendre ce que c'est qu'une couchette de bord. Tout le monde a apprécié et connaît de réputation ce petit grabat suspendu, sans sommier, bordé par le mur et un rebord qui, lorsque la mer est grosse, vous renvoient comme une balle élastique de l'un à l'autre. Il faut avoir étudié la gymnastique chez Paz pour y grimper, et surtout pour en descendre. Ajoutez à ce tableau l'hélice qui se remue daus votre dos, et vous aurez une idée des nuits merveilleuses de la Méditerranée. Cependant on finit par s'habituer à tout ; le huitième jour, à Naples, nous n'avons pas pu dormir dans l'excellent lit que l'hôtel nous offrit : l'hélice mous manquait.

Je m'aperçois que je vous parle de tout autre chose que de Rodosto ; c'est qu'il n'y a rien à en dire. Je serais incapable de vous dévoiler l'industrie des naturels de ce pays ; je sais seulement, par expérience, qu'une des branches les plus lucratives de leur commerce consiste à guetter les bateaux à vapeur qui s'arrêtent en rade, à offrir aux voyageurs de les débarquer pour deux piastres, et, une fois séduits et embarqués, à refuser de toucher la terre s'ils n'en donnent pas le double. Il faut vous imaginer cette situation avec une mer houleuse, arrêtés à deux pas d'une jetée menaçante dont les piles briseraient la barque comme un verre.

Ceci vous prouve que la piraterie n'est pas morte dans les mers du Levant et qu'elle s'y pratique encore, mais dans les prix doux.

1er octobre.

Nous voguons sur une mer qui ressemble à un large fleuve ; nous voilà dans l'Hellespont ; à gauche Gallipoli, à droite les Dardanelles. Une montagne s'élève au-dessus de cette dernière ville : c'est le mont Ida. Hélas ! l'esprit railleur de notre siècle a tué les belles choses ; les parodies ont assassiné Homère et les Grecs. Pendant que le docteur m'indique et me montre où se trouvait Troie,

Campos ubi Troja fuit,

et me désigne le Scamandre, dont les eaux se marient à celles où nous roulons, et me fait voir un *tumulus* sur le bord de la mer, lequel doit être le tombeau d'Achille, une voix narquoise chante derrière moi ce morceau moderne :

> Je suis le bouillant Achille.
> Bouillant Achille,
> Bouillant Achille,
> Le grand myrmidon, etc., etc.

Le moyen d'être ému !

Je dois dire que tout ce que nous voyons ne ressemble en rien aux poétiques descriptions d'Homère et de Virgile ; partout des côtes plates, de petites montagnes sans verdure et dévastées ; le seul intérêt qu'offre cette partie du voyage, consiste en quelques retranchements, armés de canons, que les Turcs ont construits en vue d'une guerre avec l'Occident.

Les Dardanelles ferment l'Hellespont. Une fois le détroit franchi, on entre incontinent dans la

pleine mer. Les vagues sont déjà plus montueuses, le vent siffle dans les cordages et le roulis commence à travailler quelques estomacs mal
équilibrés.

A peine avons nous débouché dans l'Archipel que :

Est in conspectu Tenedos.

Je vous demande pardon de tant d'érudition :
cela ne m'arrivera plus.

Dès lors nous courons à travers les îles chantées par les poëtes. Voici Lemnos à notre gauche,
Imbros à notre droite et Samotraki, l'antique
Samothrace qui se découpe en perspective. Toutes
ces îles ne sont plus que des grandes masses de
rochers volcaniques, sans un pouce de verdure
et sans un habitant. Admirables refuges pour des
contrebandiers , on comprend combien elles
étaient favorables à la piraterie de ces mers hé-
rissées d'écueils.

Vers le soir, nous approchons du golfe de Salonique. Le docteur nous montre dans le lointain
une immense montagne conique qui semble sortir des flots et dresser sa tête majestueuse dans

les nuages. C'est le mont Athos ; nous le côtoyons
de tout près. Ses plaines sont couvertes de pâtu-
rages où paissent les troupeaux d'une vingtaine
de couvents grecs dont nous apercevons les murs
blanchis à la chaux. Au soleil levant, le mont
Athos a disparu ; mais, en revanche, nous passons
à côté du mont Pélion, du mont Ossa et du fameux mont Olympe, le plus élevé de tous, et qui
domine les autres de toute sa hauteur et de tout
son orgueil. Quand il fait de l'orage, les éclairs
semblent sortir de la crête du mont Olympe, et
diriger leur feu vers Ossa et Pélion. N'y a-t-il
pas là l'origine de la légende des Titans foudroyés
par Jupiter, qu'ils voulaient détrôner ?

2 octobre.

Salonique est une grande ville Turque, mal
pavée comme Constantinople, et également pourvue, comme telle, d'un quartier européen. Les
champs que nous foulons aux pieds ont vu les
armées d'Alexandre le Grand. La campagne est
intéressante et la ville s'étage en amphithéâtre
sur une montagne assez verte. Elle est remar-

quable par une enceinte de vieux murs crénelés,
que les siéges ont considérablement meurtris.
Comme toutes les villes turques, Salonique n'a
point de monuments curieux. Il faut se contenter
d'un beau jardin, bien ombragé et situé sur une
terrasse au bord de la mer.

Après un cour séjour en Macédoine, nous re-
partons. Déjà, nous ne sommes plus en Turquie.
Une fois hors du golfe nous allons entrer dans
les eaux grecques, et le rivage qui est à notre
droite s'appelle Thessalie. Pour entrer dans le
golfe de Volo, il faut pénétrer par un goulet
assez étroit. Une vallée, fort rétrécie, forme l'un
des caps que nous doublons. C'est la fameuse
vallée des Thermopyles, sur laquelle il n'a pas
encore été fait d'opérette bouffe. Rien n'est plus
sinistre que ce vallon resserré entre deux rochers
abrupts et qui est plutôt encore un ravin qu'un
défilé.

Quand on reste un jour à Volo, on prend des
chevaux et, après une course de deux heures, on
arrive sur un plateau d'où l'on a une admirable
vue du champ de bataille de Pharsale. La plaine

est circulaire et circonscrite par des collines
boisées et fertiles ! Les indigènes nous apportent
des morceaux d'os, des tronçons d'épées romaines,
des débris de cuirasses qu'ils prétendent authen-
tiques. Nous nous méfions et nous laissons ces
souvenirs aux Anglais qui nous suivent.

Rien n'est plus pittoresquement situé que Volo.
Volo n'est point une ville, c'est une série de petits
villages grecs et turcs, anciens repaires de bandits, semés sur le rivage et dans les infractuosités
de la montagne. La ville grecque n'offre aucun
intérêt. Quant à la ville turque, nous n'avons pas
pu y séjourner longtemps.

La ville turque est tellement séparée et éloi-
gnée de la ville grecque que les habitants semblent n'avoir jamais vu les Européens. Nous nous
étions réfugiés, loin des rayons du soleil, autour
d'un arbre qui croissait au milieu d'une place.
Assis par terre, à la turque, nous contemplions
une superbe négresse qui, les bras nus, puisait
de l'eau à la fontaine pour en remplir sa cruche à
la forme biblique, quand une nuée d'enfants
turcs, à peu près nus, envahirent notre campe-

ment et se mirent à nous jeter des cailloux en nous appelant : «*Giaours!*»

De graves Turcs, qui assistaient à la scène, contemplaient ces jeunes drôles avec une impassibilité parfaite et en fumant gravement. Ils n'attendaient qu'un simulacre d'hostilité de notre part pour nous faire un mauvais parti. Ce dernier cas échéant, notre consul n'aurait pas manqué de nous dire avec raison : « Et que diable aussi alliez vous faire dans la ville turque? »

Souvenirs mythologiques et classiques. — Le Pirée. — Athènes. — L'Acropole. — Pleine mer. — Le mal de mer. — La Sicile. — Le Stromboli. — Arrivée à Naples.

2 octobre.

Nous nous réveillons dans le golfe d'Athènes. Pendant la nuit, nous avons longé l'île d'Eubée, dont la pointe sud disparaît dans le brouillard. Nous sommes depuis l'aube installés sur le pont. Déjà, avec une bonne lunette, on aperçoit sur un mamelon assez escarpé les ruines de l'Acropole ; au pied, s'étendant dans la plaine, la moderne Athènes, et devant nous le Pirée, avec son port rempli de vaisseaux.

Ma foi, je confesse que cette vue m'a impressionné. On n'a pas fait impunément cinq ans de grec pour ne pas s'en souvenir à l'occasion, et les ruines d'Athènes ont une majesté et une grandeur qui sont faites pour émouvoir le cœur le plus sceptique et le plus indifférent.

Aussi supplions-nous le capitaine Thumin de nous faire arriver de bonne heure. A midi, nous pénétrons dans le port du Pirée ; à une heure, nous roulions en chemin de fer vers Athènes, et dix minutes plus tard nous faisions notre entrée dans la vieille capitale de l'Attique.

O éducation du collége ! O saint baccalauréat ! O professeurs de troisième ! O racines grecques ! à quoi nous avez-vous servi ? Eh quoi ! nous aurons pendant plusieurs années appris le grec, traduit le grec, écrit le grec, pour être incapables de demander à la buraliste d'un chemin de fer un billet d'aller et retour pour Athènes ?

Je fais ce procès à l'Université, non pas pour qu'elle apprenne aux élèves le grec moderne, mais pour qu'elle leur enseigne la prononciation véritable du grec ancien. Il y a cent à parier contre un, que Thémistocle prononçait le grec à peu près comme on le prononce aujourd'hui, et qu'il ne serait pas bien difficile d'apprendre à un enfant à dire *Assini* (en prononçant les deux *ss* comme le *th* anglais) au lieu d'Athènes, comme on le fait chez nous. Du moins un bon élève pourrait comprendre ce qu'on lui dit et répondre quelquefois.

Le gardien qui nous a fait visiter l'Acropole, nous a donné ses explications en grec. Je n'y ai rien compris, toujours pour les raisons plus haut développées, et cependant il ne prononçait que des mots que tout le monde connaît. — Par exemple : le *Parthénon*, qu'il prononçait *Parssino*.

L'Acropole est admirablement conservé ; on retrouve presque intact le magnifique escalier, entouré de colonnes des Propylées, le temple de la Victoire aptère où l'on a laissé dans un coin une petite statue sans tête, mais dont le corps est admirable sous la fine dentelle de marbre qui le recouvre.

Le plus remarquable vestige de la ville sacrée, c'est le Parthénon, auquel il ne manque que son toit et ses bas-reliefs, mis à l'abri dans le musée d'Athènes. L'Erectheum offre encore quelques

cariatides bien conservées, et une admirable corniche d'une pureté absolument classique. Du haut
de l'Acropole on nous fait voir le Pnyx qui, étagé sur le flanc de la montagne, n'offre plus rien
qu'une circonférence creusée dans le roc, et
l'Aréopage qui se compose de quelques pierres
informes jetées çà et là.

En descendant de l'Acropole, on s'arrête dans
le théâtre de Bacchus, qui a été merveilleusement conservé, le proscenium est intact, ainsi que
la première rangée des fauteuils de marbre, sur
lesquels s'asseyaient les prêtres du dieu. Sur le
dossier du fauteuil, on lit encore cette inscription : *Dionusou ierophantès*. On conçoit aisément
quel peuple devait être l'Athénien, et pourquoi
il a fait de si grandes choses. Le gouvernement
réfugié sur cette montagne, au milieu des temples consacrés aux dieux, enfermé dans une sorte
de citadelle majestueuse et escarpée, dominait la
ville rampant à ses pieds, et faisait de la politique, sans que personne s'en mêlât.

Si l'hôtel de ville, au lieu d'être dans une rue,
était situé sur le mont Valérien, il n'y aurait pas

tant de révolutions. Je donne cet argument irré-
fragable aux partisans du séjour de la Chambre à
Versailles.

Nous avons pris une excellente limonade dans
le temple de Jupiter, dont il ne reste plus que
quelques colonnes, d'une hauteur prodigieuse.
Rien n'est pittoresque comme l'emplacement de
ce temple, situé sur le versant de l'Acropole, au
dessus de l'Ilyssus qui se dessèche sous plusieurs
ponts, ayant pour perspective au premier plan,
la ville et la campagne, et au fond l'Hymette, qui
lève vers le ciel ses crètes escarpées.

Quant à l'Athènes moderne, c'est une petite
ville régulière et poussiéreuse, composée surtout de deux belles rues, trop longues et pas
assez larges, les rues d'Hermès et d'Eole. Le
palais du roi est une affreuse caserne d'une régularité désespérante, mais pourvu de jardins
assez beaux.

4 octobre.

La mer est très houleuse. Plusieurs passagers
n'ont pas donné signe de vie depuis ce matin. Au

18.

dîner, les convives s'en vont un à un ; Heugel et moi, nous résistons ; le capitaine et le docteur nous félicitent de notre belle tenue. Cependant, vers le milieu du repas, on me prévient que je blémis. Je me hâte d'aller respirer l'air frais du soir, et j'en suis quitte pour ce peu de mal. Pendant deux jours, la mer a été assez forte ; un fort vent du nord-ouest nous faisait danser des sarabandes vertigineuses. Au moyen de quatre oreillers destinés à amortir les chocs, on finit par goûter quelques instants de repos. Aussi ne comptez pas sur moi pour vous parler de l'île de Cythère, du Péloponèse et du cap Matapan, que nous côtoyons dans le brouillard. Le temps se calme un peu, en vue des côtes de Sicile. C'est au milieu du calme le plus plat que nous traversons le détroit de Messine et que nous voyons fumer l'Etna. A minuit, on nous réveille, et l'on nous fait habiller pour aller voir sur le pont le Stromboli qui jette de la lave. Rien n'est plus beau et plus terrible à la fois que la vue de ce cône enflammé qui laisse une écume rouge s'échapper de ses flancs.

5 octobre.

Dès le matin, j'entends un grand mouvement sur le pont. Nous allons arriver à Naples : je me hâte de m'habiller et je grimpe sur le pont. Nous sommes presque au port. Voici Sorrente à notre droite et Capri à notre gauche ; c'est l'entrée du golfe de Naples. Le Vésuve, calme et menaçant, s'élève au-dessus des plaines et des villes qu'il abrite, si ce mot ne semble pas hyperbolique.

Le panorama est merveilleux et peut se comparer à celui du Bosphore. Au fond, le Vésuve, et couchés à ses pieds, Castellamare, Portici, l'Annunziata et Pompée ; de l'autre côté, Naples avec ses maisons de toutes couleurs, ses collines boisées et son port rempli de mâts et de bateaux à vapeur. Puis plus loin, à gauche, la *Villa Reale*, l'ausilippe, Pouzzoles et Baies ; au loin, les îles de Nisita, de Procida et d'Ischia. Colorez ce tableau avec l'azur du ciel et celui de la mer et les chauds rayons d'un soleil levant et vous envierez notre position.

Cela ne dure qu'un instant. La réalité humaine et sociale reprend ses droits ; nous voici dans le port; il faut d'abord se soumettre à l'examen de la santé, qui vient voir s'il n'y a point de pestiférés parmi nous. La perspective d'une quarantaine a rembruni nos fronts; heureusement, le médecin n'est pas féroce; il accomplit sa mission avec une légèreté dont nous ne saurions le blâmer. Tandis que nous sommes alignés sur le pont, il passe à un kilomètre de nous dans une petite barque, et nous examine avec un monocle; puis il nous permet d'amener le pavillon jaune que tout navire doit arborer jusqu'après l'inspection médicale.

La douane est plus minutieuse. Elle nous fouille jusqu'aux goussets; elle ouvre nos portefeuilles et nos boîtes de montre pour voir si nous n'y cachons pas de tabac. Le tabac est la denrée que redoute surtout la douane italienne. Peu s'en faut qu'elle ne me fasse payer un droit pour le cigare que je fume en ce moment.

Enfin, nous sommes libres. Nos pieds touchent avec délices le vulgaire plancher des vaches; nous serrons la main à nos compagnons de route, qui vont à Pompéi.

XXVIII

Naples. — M. Hyrvoix. — Le miracle de saint Janvier. —
La cérémonie. — Les parentes de saint Janvier. — Les
superstitions.

10 octobre.

Naples est à trois jours de Paris, et cependant
il nous semblait être à Compiégne, tant nous
avions traversé de pays. A l'extrême bout de l'Italie, nous nous figurions être arrivés. Nous venions
de si loin et de contrées si différentes des nôtres,
que Naples, qui pour tant d'autres est le point
extrême d'un long voyage, nous paraissait être la
banlieue de Paris. Et de fait, nous ne rencontrions
plus dans les rues les costumes pittoresques de
l'Orient, nous n'assistions plus aux spectacles de
mœurs exotiques; nous ne traversions plus de

rues au pavé inégal; nous étions retombés dans la banalité européenne. Pour moi, prenant la plume, je me voyais forcé de raconter des choses que tout le monde connaît et qui ont été dites cent fois. Mes observations étaient forcément renouvelées de quelqu'un, et toutes les réflexions que je pouvais faire me rappelaient des réflexions analogues, faites par d'autres en même circonstance. Irai-je raconter Pompéi, et décrire cette merveilleuse nécropole, après les livres qu'on y a consacrés et qu'on y consacre tous les jours?

J'ai cependant passé à Naples quelques jours fort agréables, et les génies bienfaisants qui ne m'ont point quitté un seul jour pendant mes deux mois d'excursions, ont continué en Italie leur œuvre gracieuse. Descendus par hasard dans un hôtel quelconque, nous nous sommes rencontrés à table avec M. Hyrvoix, qui habite Naples depuis quelque temps et qui nous a donné envie d'y venir partager son sort. Grâce à lui, nous avons vécu à Naples, au milieu des campagnes les plus ravissantes, nous nourrissant des coquillages les plus frais de la Méditerranée et passant notre

temps dans une course trop rapide à travers les
souvenirs si nombreux de l'ancienne Parthé-
nope.

Nous sommes arrivés à Naples justement à l'é-
poque où a lieu le miracle de saint Janvier. Grâce
à M. Hyrvoix, nous avons pu nous approcher de
tout près et voir ce prodige qui fait pleurer tous
les Napolitains , grands et petits, riches et
pauvres.

Ce jour-là, la cathédrale de San-Gennaro est
pavoisée de fleurs et de draperies. On vient en
grande pompe tirer de leurs armoires une douzaine de saints, en argent massif, qui sont les
compagnons de saint Janvier. On les place autour
de lui, pour lui être agréable.

Tout autour de la chapelle, les grandes dames
de la ville, couvertes de brillantes toilettes et de
riches bijoux, attendent avec anxiété le moment
dn miracle. Devant la balustrade qui sépare les
fidèles de l'autel se tiennent les dames de la halle,
lesquelles s'intitulent parentes de saint Janvier et
réclament des places d'honneur.

La fiole sacrée est enfermée dans un coffre

creusé sous l'autel et fermé par trois clefs, dont
l'une est remise au cardinal, la seconde au gou-
verneur de la ville, la troisième au chef de l'une
des corporations marchandes. Une fois le coffre
ouvert, en présence de tous, on tire la fiole et on
l'expose à la vue du public.

Le sang du saint présente alors la forme d'une
masse solide et coagulée, d'une sorte de boule
rougeàtre immobile. Les Napolitains suivent avec
anxiété l'événement qui va avoir lieu. Des voix
s'élèvent de toutes parts, implorant le saint, le
cajolant par de douces paroles et l'encourageant
avec des mots gracieux et des inflexions de voix
harmonieuses.

C'est vers dix heures et demie que s'accomplit
ordinairement le miracle. Le prélat qui tient la
fiole au-dessus de l'autel la balance lentement de
droite à gauche. Quand le miracle tarde, les voix
mélodieuses changent de ton et n'épargnent point
au saint les sarcasmes les plus amers. Enfin un
frissonnement parcourt l'assemblée, le sang coa-
gulé commence à devenir fluide et bientôt la fiole
s'emplit du liquide rouge, qui devient diaphane.

Aussitôt les cris de joie éclatent : les parentes de saint Janvier envoient des baisers à leur patron ; les dames de la ville lui prodiguent les épithètes les plus flatteuses et plus d'une lance un bracelet ou un pendant d'oreille sur l'autel où vient de s'accomplir le miracle. J'ai vu des pêcheurs napolitains, au visage hâlé par le soleil, essuyer avec ferveur les larmes qui sortaient de leurs yeux.

Puis la cérémonie s'achève. On replace religieusement la fiole dans son coffre ; les trois clefs ferment les trois serrures jusqu'à l'année prochaine, et tout le monde s'en va, avec la joie au cœur.

Aujourd'hui, comme il y a trois cents ans, la même foi existe dans le populaire en faveur de saint Janvier. Aux dernières éruptions du Vésuve, on a transporté la statue de saint Janvier sur un pont que la lave commençait à envahir. La lave s'est arrêtée aussitôt. Tout ceci n'est point fait pour détruire la croyance innée au cœur des Napolitains. Les journaux les plus radicaux de Naples n'ont jamais osé discuter le miracle, ni douter de son authenticité. Il y a des exemples de coups de couteau donnés à quelques incrédules qui se permettaient de formuler une opinion peu orthodoxe sur la superstition qui s'attache au miracle de saint Janvier.

Je bornerai là mes observations sur Naples. Certes, j'ai plus de notes qu'il n'en faut pour écrire dix lettres, mais j'ai hâte de revenir à Paris, et je me réserve pour Florence et Venise.

J'ai mis huit jours pour revenir en France. C'est vous dire que je me suis arrêté à Rome, à Florence et à Venise, c'est-à-dire que j'ai pris le chemin des écoliers, et que j'ai voulu revoir en détail ce merveilleux chemin de la Corniche, qui commence à la Spezia pour ne finir qu'à Fréjus.

XXX

Florence. — Les *facchini*. — Les monuments. — Le Vieux-
Palais. — Sacriléges. — La nourriture en Italie. — Aventure d'un jeune attaché d'ambassade.

Florence, le 14 octobre.

En arrivant à Florence, l'étranger peut se croire
un instant perdu dans une ruche d'abeilles et
taonné par leurs piqûres. Les abeilles florentines
ne sont autres que des *facchini*, jeunes farceurs
de la plus triste apparence, qui, avant l'arrêt du
train, vous ont visé comme une proie facile et qui
se jettent au-devant de vous dès que vous mettez
le pied sur la chaussée.

N'allez pas croire au moins qu'ils vous rendent
un service quelconque. Ils ne s'empressent pas

pour vous ouvrir la portière du wagon. Ils attendent que vous vous soyez donné tous les embarras vous-même, et quand vous vous êtes installé dans le fiacre toscan, deux ou trois facchini montent sur le siége auprès du cocher qui est leur ami, et dès lors ne vous quittent plus. A l'hôtel, le même jeu recommence. Les porteurs de l'hôtel sont sur le pas de la porte, attendant le voyageur. Ils ne se précipitent pas non plus à sa rencontre. C'est là la mission du facchino. Le facchino descend, prend le colis, l'apporte au porteur de l'hôtel. C'est en quelque sorte un intermédiaire entre vous et l'hôtel. Les garçons d'hôtel et les facchini ont tellement le culte de leurs intérêts et le dédain du voyageur à exploiter, qu'ils ne voudraient pas se faire tort entre eux, et qu'il tirent le voyageur, chacun de leur côté, chacun par une poche.

Le plus petit colis a son *facchino*. Nous avions trois colis, nous eûmes trois *facchini*. Que dis-je? il y en avait bien quatre, et le quatrième était désespéré de n'avoir rien à prendre. Avisant soudain une petite canne que l'un de nous tenait à la main, il s'en est emparé, et a daigné ne nous demander que cinquante centimes pour s'être chargé de ce fardeau.

Parler des monuments de Florence, c'est tomber dans le lieu commun ; néanmoins nous devons rendre compte de notre visite à Palazzo-Vecchio.

Nous sommes entrés dans le Vieux-Palais avec ce respect qu'imposent les grands souvenirs historiques. On nous a montré d'abord la salle des Cinq-Cents, merveilleuse rotonde gothique peinte par Vasari, sculptée par Bandinelli. Savez-vous ce qu'on a fait de cette salle ? On l'a divisée en petits couloirs, en travées minces, en cabinets vulgaires. On a dépecé les panneaux, supprimé les dalles, ajouté des parquets afin de faire une salle pour le Parlement italien. Au moins nous avons eu, nous autres, le culte des traditions. On a choisi le théâtre de Versailles pour en faire le siége de l'Assemblée nationale, et les changements qu'on y a apportés sont de peu d'importance. Encore sont-ils fort laids. A Florence, il y a vingt théâtres et des emplacements très-étendus qu'on aurait pu employer. On a défiguré le

Palazzo Vecchio, et les appartements des Médicis dallés, sculptés, peints à fresques, ont servi d'habitation aux questeurs du Parlement.

Lesdits questeurs ont fait coller sur tous les murs du papier à cinq francs le rouleau et ont fait pratiquer d'épouvantables calorifères le long des plinthes. Des lustres de chrysocale salissent des plafonds de Michel-Ange, et l'on a mis des glaces dans un cadre de bois doré au dessus des merveilleuses cheminées dans lesquelles brûlait un chêne tout entier. C'est à croire que M. Baze a passé par là. Le cicérone nous a prévenus qu'on allait réparer toutes ces barbaries. Nous lui avons demandé si l'on pourrait décoller les papiers des murs sans altérer les fresques qui sont encore dessus. Le cicérone a paru s'étonner de cette question et nous a fait observer que le papier était magnifique et avait été fourni par le meilleur fabricant de Paris.

Le 15 octobre.

On mange assez mal dans toute l'Italie, et spécialement dans les tables d'hôte de Florence — no-

tamment dans celle de l'hôtel de la Ville, où les
poulets ont quatre cuisses et point d'ailes. Si vous
demandez au garçon l'explication de cet étrange
phénomène, il vous répondra que les poulets
viennent comme ça en Toscane.

On nous a raconté une aventure fort jolie, qui
est arrivée l'été dernier (ce n'est pas neuf) à un
jeune attaché d'ambassade dont nous tairons la
nationalité. C'était au bal de l'ambassadeur d'Angleterre, en plein mois de juillet. Il faisait une
chaleur étouffante, et notre jeune attaché, comme
beaucoup d'autres invités, s'était mis en habit noir
et en pantalon blanc. La chaleur était accablante,
et, inconvénient plus grand et moins poétique,
l'atmosphère était criblée de ces atroces puces
qui, en Italie, font le désespoir des voyageurs et
qui faisaient dire à madame George Sand que
les grandes dames d'Italie portaient des bas
noirs.

Après avoir follement dansé, notre attaché se
sentit mordu et déchiré par les bouches vivaces
des insectes susnommés. Il sentait que son pantalon était le réceptacle d'une légion terrible et

acharnée de puces florentines. Après avoir souf-
fert son martyre aussi longtemps que possible, il
n'y put tenir et arriva dans un petit cabinet isolé,
situé au fond d'un des salons, sans lumière, et qui
n'avait qu'une fenêtre sur une des rues les moins
fréquentées de la ville.

Favorisé par l'obscurité, il se déshabille tout
simplement et se met à secouer vigoureusement
son pantalon par la fenêtre, afin d'en faire tomber les puces. Soudain, il lui semble entendre
qu'on entre dans le cabinet, et, dans un mouvement de frayeur, il laisse échapper son inexpres-
sible, qui tombe dans la rue. Il se penche par la
fenêtre et tout à coup pousse un cri de désespoir en
voyant que deux gamins de la ville se sont empa-
rés du précieux vêtement et le tiennent chacun
par une jambe. A ce cri, les deux gamins prennent peur à leur tour et se sauvent à toutes jambes, en tirant le pantalon chacun de leur côté. La
toile était fine, et notre attaché vit avec désespoir
la scission qui s'opéra entre les deux fractions de
son pantalon.

Que faire? Impossible de rentrer dans le bal en

habit et sans pantalon ! Impossible de rester dans un cabinet ouvert sur la salle de bal et dans lequel tout le monde pouvait entrer. Le jeune homme prend le seul parti qu'il pouvait prendre. Il était tard, la nuit profonde, son hôtel n'était pas loin, la fenêtre était basse. Il fit appel à tout ce qu'il savait de gymnastique et descendit dans la rue, espérant ne rencontrer personne et rentrer chez lui sans être vu.

Mais il était depuis peu de temps à Florence et il s'égara. Dans ses pérégrinations, il fut rencontré par une patrouille qui faisait sa ronde et le caporal l'arrêta, car il lui paraissait étrange de trouver un homme d'apparence raisonnable, se promenant dans la rue en habit noir et sans pantalon.

Il cherche à s'expliquer, mais il ne parlait l'italien que très-imparfaitement. Il eut beau dire qu'il venait de chez l'ambassadeur, le caporal lui répliquait qu'on ne revient pas de chez un ambassadeur sans pantalon.

Tenter de raconter toute l'aventure des puces, du balcon et des gamins, c'était une œuvre à désespérer le Dante lui-même; néanmoins, l'attaché d'ambassade l'essaya et ne réussit qu'à se faire enfermer, comme fou, dans le corps de garde le plus voisin.

Le lendemain, ses amis le réclamèrent et lui apportèrent un pantalon; mais le bruit de l'aventure courut toute la ville, et l'attaché, qui ne pouvait plus entrer dans un salon sans éveiller le sourire sur les lèvres et la rougeur sur le front de toutes les dames, a fini par demander son changement.

Son souverain, qui l'aime beaucoup, l'a envoyé dans un pays froid, où il n'y a pas de puces.

XXXI

Venise. — Le grand palais ducal. — La politique d'aujourd'hui et la politique d'autrefois. — Où il est parlé de M. Martel, député à l'Assemblée nationale. — Le préjugé du gondolier. — Daniel Manin.

Venise, le 18 octobre.

Je viens naturellement de visiter le grand palais ducal, et je commence par vous déclarer que je n'ai point l'intention de le décrire ; cependant je vais vous en parler pendant une heure. C'est que le palais des doges contient en lui des enseignements que devraient méditer tous ceux qui nourrissent l'espoir de fonder la république française. Si l'on était sage, on organiserait un train express entre Paris et Venise. La compagnie Paris-

Lyon-Méditerranée s'y prêterait de fort bonne
grâce, et les chemins de fer de la haute Italie y
consacreraient leurs meilleurs wagons. Il ne faut
plus maintenant que vingt minutes pour traverser
le Mont-Cenis, et les voitures sont éclairées par
un système nouveau, qui permet de lire pendant
tout le trajet sous la montagne. Pardon de la parenthèse ; je continue.

Dans ce train spécial, on ferait monter, de bonne
volonté et par force au besoin, tous les hommes
d'État qui encombrent la France, tous les politiques, tous les ambitieux, et on leur ferait visiter
dans les plus grands détails le fameux palais des
doges. M. Thiers, en qualité d'historien, servirait
de cicerone, et je suis convaincu qu'il en saurait
moins que les épouvantables guides qui se cram-
ponnent à vous au bas de l'escalier des géants.

C'est, en effet, toute une mécanique politique
que l'étude de ce merveilleux palais de la république vénitienne, l'idéal des républiques et comme
je souhaiterais la république en France. On va
me répondre : conseil des dix, plombs, cachots,
pont des Soupirs, inquisition, Marino-Faliero,

Qu'importe? A quoi servaient tous ces épouvan-
tails, sinon à assurer la grandeur et la sécurité de
la république?

Le gouvernement de Venise était une république oligarchique et aristocratique, confiée à des
hommes riches, ce qui est la garantie de l'ordre ;
à des nobles, ce qui était autrefois la garantie de
l'éducation. La démocratie, c'est-à-dire la tyran-
nie des mains et des ignorances crasses, était soi-
gneusement étouffée, et tant que cela a duré,
Venise a été militairement, politiquement et finan-
cièrement parlant, la reine des mers. Les Vénitiens pouvaient s'amuser, chanter, danser, rire,
aimer les arts, les femmes et les barcarolles, mais
il leur était interdit de s'occuper de politique, ce
qui prouve l'immense sagesse des patriciens qui
avaient fondé la république. Il n'y a pas de gouvernement possible, avec les raisonneurs politiques. Aussi le conseil des dix supprimait-il absolument les faiseurs de doctrines gouvernementales
et la république vénitienne s'en trouvait mieux.

En laissant de côté les chevalets, les coque-
mars, les pintes d'eau tiède et le plomb fondu, en

supprimant les plombs où l'on grillait, les cachots où l'on gelait, tout le système vénitien serait applicable à une république moderne. Un conseil des dix qui pourrait être composé du ministère actuel, un doge, responsable et non absolu, qui serait M. Thiers, conduiraient le char de l'État. Il n'est pas jusqu'à ce conseil des trois, masqué et voilé, qui ne fût un admirable tribunal, incorruptible et inaccessible à la menace, parce qu'il était inconnu.

Supposez, par exemple, que l'Assemblée nationale eût nommé une commission des grâces en secret et qu'elle se fût engagée à ne point révéler le secret de son scrutin : voyez comme M. Martel serait tranquille! Il ne recevrait pas tous les matins des lettres où les frères et amis le menacent de *lui faire son affaire à la première occase*, ce qui fait toujours hésiter l'homme le plus convaincu et le plus courageux. Vous me direz qu'avec nos habitudes de curiosité dévorante, le secret des trois ne serait plus longtemps un secret. M. Louis Blanc aurait beau mettre un masque, on le reconnaîtrait à la taille, M. Naquet à sa bosse, M. de Lasteyrie à son abat-jour et M. de Broglie à sa voix en fausset.

Ce n'est pas tout, et le palais des doges contient des enseignements plus efficaces. Le doge, M. Thiers dans l'espèce, était tenu en respect par le conseil des trois, dont les membres changeaient à chaque instant et qu'il ne connaissait jamais. Cette surveillance perpétuelle rendait le doge circonspect, vertueux, brave au combat. Sa vie était connue de tous, chacune de ses actions était examinée avec soin, et le premier magistrat de la république était ce qu'il devait être, un exemple de sagesse et de conduite. Aussi l'histoire ne donne-t-elle qu'un spécimen de doge qui ait été décapité et, ce qui est plus malheureux pour lui, traduit en drame par Casimir Delavigne.

On pourrait faire passer par le pont des Soupirs les prétendants dangereux ou les énergumènes en délire qui émaillent notre turf politique. Les plombs donneraient à réfléchir à M. Gambetta ; les cachots refroidiraient les citoyens de Belleville. Il y a notamment une petite porte qui ouvre sur un affreux canal et qui n'est pas faite pour encourager les gastronomes du pouvoir. Voilà comment les Vénitiens, qui n'étaient pas des imbéciles, entendaient la république. A la bonne heure! Et la forme y était.

Les salles du palais sont des merveilles d'architecture, les escaliers de marbre sculpté; les plafonds sont signés du Tintoret ou de Palma, les panneaux du Titien. On donnait des fêtes sur la place San Marco; les rois venaient visiter le doge, et les ambassadeurs faisaient antichambre. Voilà une république!

Cependant, Venise et sa magnificence ont fait naître dans nos pays du Nord quelques préjugés que je crois de mon devoir de déraciner. Il n'y a rien de moins respectable qu'un préjugé, précisément parce que cela est un préjugé. Le préjugé que je veux battre en brèche, c'est le gondolier.

On a poétisé le gondolier de la façon la plus anormale et la plus coupable. Si le gondolier vénitien se doutait de la réputation que lui ont faite les romances, il ne serait pas bon à prendre avec des pincettes, tant l'orgueil l'aurait rendu insupportable. Nos jeunes pensionnaires chantent au piano des barcarolles que de soi-disant gondoliers chantent sous les balcons des palais de marbre. C'est absolument comme si à Venise on chantait au piano la romance plaintive du cocher de fiacre parisien. Rien ne ressemble plus à un cocher qu'un gondolier. Au lieu d'un fouet il tient une rame. Il est tout aussi grossier, banal, vulgaire et carottier. Ce n'est pas l'homme pâle, aux cheveux noirs et bouclés, aux bras nus, qui pleure mélancoliquement sur une femme qui l'oublie; c'est un affreux drôle qui essaye de vous faire payer une course deux francs au lieu d'un.

On cherche cependant le type poétique du plébéien de Venise. Il est impossible qu'il se soit absolument perdu. On trouve peut-être, de côté ou d'autre, quelques gondoliers de l'ancien régime, comme on trouve à Paris des cochers gentilshommes. Quant à moi, j'ai essayé de découvrir dans les visages ceux qui rappellent les types des bravi dont on nous fait de si sinistres peintures. Si ce type existe encore, on le rencontrera spécialement dans les garçons d'hôtel qui sont à la gare et qui *lèvent* l'étranger. Il y a à la fois de la prière et de la menace dans l'invitation qu'ils vous font de les suivre à l'hôtel de leur choix. Au moindre mouvement d'hésitation, ils vous cueillent et vous précipitent dans leur gondole. Cette façon de faire a quelque rapprochement avec l'ancien métier de leurs pères, qui précipitaient aussi, mais sans gondole.

Les Vénitiens sont très-patriotes. Comme tous les Italiens, ils ont chez eux, dans leur plus belle pièce, deux lithographies, représentant Victor-Emmanuel et Garibaldi.

Les plus avancés ont Mazzini ; mais tous, sans exception, accrochent à la meilleure place le portrait de Daniel Manin, *il liberatore di Venezia*. Je vais faire beaucoup de peine à nos démocrates, en leur apprenant que Manin n'était point un fils du peuple, mais bel et bien un patricien, descendant directement du dernier doge de Venise Manino.

Les portraits de Manin sont nombreux et mal faits. Nous avons découvert avec étonnement qu'ils ressemblent tous à M. Lacressonnière.

XXXII

Une représentation à Venise.

Venise, le 19 octobre.

Le théâtre Malibran est situé dans le quartier
le plus populaire de Venise. Il est fort simple et
bâti dans le goût italien, c'est-à-dire sans aucune
des saillies que l'on remarque dans les théâtres
français et qui sont destinées à contenir les
places de balcon, de galerie et d'amphithéâtre.
Cinq rangs de loges décorées de la même façon,
quelques bancs d'orchestre et deux rangs d'excellents fauteuils, tel est le système de tous les
théâtres en Italie, et ce n'est pas le plus mauvais.

Comme nous passions devant le théâtre Mali-

bran, un jeune industriel du pays vint nous offrir une clef pour vingt francs. Ici la clef représente le coupon ; muni de cette clef qui appartient à un propriétaire de loge, on est maître chez
soi. Point d'ouvreuse ni d'entr'acte, ni de petit
banc. Vous n'avez qu'à payer votre entrée au
théâtre (*l'ingresso*), et vous vous installez chez
vous. Il y a des rideaux à la loge, que l'on peut
fermer si l'on a envie de se mettre à son aise et de
dormir au son de la musique.

Après avoir longuement marchandé (il faut tout
marchander ici), nous obtînmes la clef pour la
modique somme de six *lire*, et après avoir payé
une entrée de 80 centimes, nous allâmes nous
installer dans une loge de côté, ornée de glaces et
de divans fort élégants.

On donnait une première représentation : *Le
Nozze d'oro* (les Noces d'or), ballet du *maestro core-
grafo* Domenico Sipelli, dont le nom en vedette
sur l'affiche témoignait la notoriété. La salle était
pleine jusqu'au cintre et nous attendîmes avec
impatience le lever du rideau.

Les rideaux de théâtre, en Italie, sont assez singulièrement préparés. Au milieu de la toile, il y a une large ouverture, fermée par une portière en étoffe. Cette portière est destinée à permettre aux acteurs de venir saluer le public, après le rideau tombé. Le public italien, quand il est content d'un sujet, le rappelle vingt-sept fois de suite. Il serait donc impossible de relever la toile aussi souvent. La portière est à la fois plus commode et plus pratique et n'empêche pas les machinistes d'occuper la scène pour changer de décor.

Le ballet des *Noces d'or* est un ballet ennuyeux et mortellement insignifiant. Il est mélangé d'un dialogue filandreux, et, à la fin de chaque acte, sept ou huit danseurs et autant de danseuses viennent faire quelques pirouettes devant le public ; pas de deux usés, valses surannées, entrelacements connus, rien n'est plus banal que le ballet des *Noces d'or* qu'on annonçait comme une première représentation.

Nous commencions à nous étonner de la patience du public, quand soudain, après la chute du rideau, de toutes les loges, de tous les bancs partent des cris, des acclamations, des rappels qui obligent le rideau à se relever et les acteurs à venir saluer le public. On fit bisser le dernier pas et les acclamations recommencèrent. Nous entendîmes crier : Sipelli ! Sipelli ! Sipelli ! Si bien que le maëstro, M. Sipelli, fut obligé de se montrer au public enthousiaste.

Sipelli se montra. C'est bien le type de ces artistes italiens, longs, maigres, très-bruns, coiffés avec prétention, pourvus d'une moustache noire et d'une barbiche fantastique. Sipelli était en habit noir, l'émotion lui coupait les jambes. Il parut entre deux danseuses et vint, avec des pas gracieux, saluer les spectateurs qui tapaient des pieds, des mains, du front, et qui semblaient fous de joie.

Sipelli se retira, entraîné par les artistes ; mais les cris recommencèrent et il s'exhiba de nouveau. Seul, flageolant, la main sur son cœur, le front penché, il traversa la scène et fut aussitôt inondé d'une pluie de bouquets. A mesure qu'il en ramassait un, un autre tombait. Les spectateurs qui n'avaient pas de bouquets lui jetaient des oranges. Pliant sous le faix, tenant sous un bras ses trophées de fruits et de fleurs qui lui échappaient à chaque instant, de l'autre main il touchait alternativement son cœur et ses lèvres, et le public ne connaissait plus sa joie.

Le rideau tomba et nous entamions déjà entre nous une série de plaisanteries sur cet enthousiasme italien. Nous nous demandions quel triomphe on ferait à Justament pour un de ses ballets, si l'on s'étourdissait ainsi sur les platitudes du maëstro Sipelli, quand derechef les bravos éclatèrent de toutes parts, avec tant de bruit et de persistance que Sipelli souleva la portière, et vint s'exposer au feu de la rampe et à l'enthousiasme général.

Ce fut un trait de lumière. On se moquait de Sipelli. Pour nous autres Français, qui nous croyons impitoyables quand nous sifflons nos auteurs, nous croyons avoir suffisamment manifesté notre mécontentement en saluant une pièce de quelques rires et en faisant pâlir l'acteur, sous le bruit de clés forées. En Italie, le public est à la fois cruel et spirituel. Il respecte l'acteur et s'en prend à l'auteur, en l'obligeant à venir lui-même recevoir le salaire qu'il mérite. Il ne le siffle pas, sachant bien qu'il disparaîtrait. Il l'applaudit, il le comble de bravos, il l'accable d'enthousiasme, il l'écrase d'acclamations. L'auteur a le droit de croire que son triomphe est sincère, et il ne peut s'y dérober. Sipelli est, dit-on, un habitué du succès, et c'est jour de fête pour les Vénitiens, quand leur chorégraphe leur fournit l'occasion de lui faire un nouveau triomphe.

A la fin du second acte, qui était le **dernier,** Sipelli est revenu sept ou huit fois de suite.

Traîné par les acteurs, qui se sont lassés, il est revenu escorté par deux machinistes, et puis seul, et puis avec des amis. Des loges on lui lançait des mouchoirs de poches, des éventails, des fruits confits, des sonnets, des madrigaux. Aux avant-scènes, on lui parlait. Les dames lui envoyaient des baisers, si bien que le pauvre homme a fini par nous faire pitié. On nous a dit plus tard que Sipelli était devenu fou depuis qu'il était chorégraphe au théâtre Malibran. L'impresario lui joue ses ballets parce que ce jour-là la recette est sûre. Les Italiens viennent au théâtre pour s'amuser de la tête de Sipelli.

Car Sipelli est convaincu. Après avoir donné un premier ballet qui, au lieu d'être sifflé, a été applaudi comme nous l'avons dit, Sipelli s'est montré tellement flatté et tellement assuré de son génie chorégraphique, que le public a fini par le prendre pour son jouet et son souffre-douleur. Aussi, à chacune de ses premières, Sipelli vient au théâtre, pommadé, vêtu de son habit noir, orné de ses diamants et chaussé d'escarpins au bout d'une culotte de gala.

C'est plaisir et pitié de le voir, à la fin de l'acte, courir sur le théâtre après les danseuses, qui subissent une part de la mystification, pour les ramener à l'avant-scène et leur faire recommencer le pas qui a si fort réjoui le public. Et le public laisse faire. Il revoit le pas cinq, six fois de suite, et l'applaudit avec le même enthousiasme. Sipelli ne se sent pas de joie ; il est au fond ; il cause avec ses élèves ; il les dirige ; il tourne des yeux pâmés, se confond en salutations, et respire des bouquets.

Au onzième rappel, il est revenu seul, presque

désespéré de ne pouvoir donner tout son cœur
et toute son âme au public qui l'écrasait sous un
triomphe ironique. Il s'épuisait en gestes co-
miques, pour exprimer sa reconnaissance. Tant
qu'il est resté deux spectateurs dans la salle,
le tapage n'a pas cessé et Sipelli a continué à
revenir.

Je me rappelle avoir vu, au fond de la salle,
un homme grave, sans doute père de famille, qui
tournait le dos à la scène, et qui n'a pas cessé
pendant une demi-heure de frapper à grands
coups sur le dossier du banc, en hurlant: Sipelli!
Sipelli! comme un damné. Il paraît d'ailleurs
que Sipelli n'est pas tout à fait dans son tort, s'il
est inconscient de l'ironie dont il est salué, il en
serait de même pour un triomphe réel. Le public
a les mêmes applaudissements, les mêmes cris de
joie, les mêmes rappels, réitérés et contenus pour
un auteur qu'il veut honorer ; mais alors il est
convaincu, et, au lieu du rire sur les lèvres, c'est
l'émotion, le délire, la jouissance la plus vive
qui anime toutes les mains et toutes les bouches.

Le lendemain de la représentation, nous avons

été chez Sipelli l'inviter à dîner. On nous a répondu qu'il signor Sipelli recevait des visites et répondait aux lettres flatteuses qu'il recevait de toutes parts. En effet, les commissionnaires apportaient à chaque instant des paquets de cartes de visite et des billets cachetés avec de la cire parfumée.

Domenico Sipelli prépare un nouveau ballet pour le mois prochain et s'est commandé un habit neuf.

XXXIII

Gênes, le 22 octobre.

Vous ne me reprocherez pas, j'espère, de vous épargner mes impressions de voyage sur Venise. Je serais un ingrat de vous renouveler ici les notes que tout voyageur croit devoir prendre quand il traverse une ville comme Venise. Ils sont nombreux, ceux qui ont décrit la ville des doges, ses palais et ses églises, et chacun en parle comme s'il l'avait découverte. J'ai fait mon pèlerinage, comme tout autre, à Saint-Marc et à l'*Academia di*

Belli Arti ; mais je garde pour moi les impressions que j'y ai éprouvées. Laissez-moi cependant vous dire une chose que personne n'a dite jusqu'ici : c'est que le doge Gradenigo, dont le médaillon orne l'un des panneaux de la salle du conseil, au palais des doges, est le portrait frappant de M. Grévy. C'est même sur ce médaillon que les photographes vont tirer les épreuves qu'ils vendent comme portraits du président de notre république. Je regrette seulement qu'ils aient supprimé la robe et le bonnet. M. Grévy en doge et épousant l'Adriatique, est un de ces spectacles qu'on ne saurait trop rêver.

On parle beaucoup de nous dans les journaux et dans les cercles. Les Italiens s'occupent de la France. Tout peuple latin qu'ils sont, ils sont moins personnels — peut-être moins ignorants — que nous, et ne sont point indifférents aux choses qui se passent à l'étranger, tandis que nous, toujours pleins de nous-mêmes, nous nous faisons le plus grand tort en confinant nos voix, nos pensées dans l'intérieur de notre pays, et même seulement de notre capitale. Les Vénitiens s'occupent de

Rome et aussi de Florence, de Milan, de Naples,
— de Paris, de Berlin et de Vienne. On sait ici,
en ouvrant un journal, tout ce qui se passe dans
les grands centres du monde entier. Allez demander à un Parisien ce qui se passe hors de Paris,
il l'ignore, et l'agence Havas, revue et corrigée, ne
lui donne que des dépêches vagues, dans lesquelles on lui dit qu'on a distribué le livre bleu
aux membres du parlement britannique ou qu'il
pleut à Chandernagor. Sait-on seulement ce qui
se trame à Berlin?

Vous me direz : Et vous? Je n'en sais rien, c'est
vrai ; mais si j'avais le temps, je pourrais faire
des conjectures. Les Italiens ne nous aiment
pas, ceci est incontestable. Ils ont beau appeler
M. Thiers *il signor Thiers, il signor Thiers* n'est
pas aimé, ni son ministère, ni son gouvernement.
Les Italiens sont des républicains platoniques. Ils
aiment Garibaldi et estimaient Mazzini, comme
on aime et estime Raphaël et le Titien, de loin,
entre une heure et deux, en digérant. Ce sont des
artistes républicains, qui sont beaucoup plus pra-
tiques que nous et qui n'admettent pas que des

Ordinaire, des Gambetta, des signori Pyato et il Petrolio viennent les troubler dans leurs plaisirs ou leurs affaires.

La Prusse et l'Italie sont les meilleures amies du monde. Je ne me pose pas en prophète, mais vous verrez. L'entente la plus cordiale règne entre les deux gouvernements. La Prusse est arrivée à ce point d'affection pour la botte italienne, qu'elle sollicite du gouvernement du roi la création d'un train rapide entre Berlin et Rome. Je ne sais pas par où ce train passera, mais soyez sûr qu'on l'organisera.

Il ne faut donc pas désespérer des peuples latins. Ils ne sont pas si finis qu'on veut bien le dire. On parle beaucoup de la corruption de nos mœurs et l'on reproche à l'empire d'avoir favorisé celle des hautes classes. Je ne sais pas comment les hautes classes se comportent en Italie, mais la démocratie italienne me fait l'effet d'être abominablement pourrie. Si ce n'est pas de la pourriture, c'est alors de l'ingénuité, et quelle ingénuité !

Jugez-en. Dans l'ignorance où nous étions de

trouver notre chemin pour aller au Théâtre Malibran, nous avons avisé un petit gamin déguenillé
qui nous y a conduits pour *qualche soldi*. Le petit
drôle avait bien dix ans ; il fumait une vieille pipe
noire comme un sapeur. En route, ce bambin
s'approcha de nous, et, d'une voix basse et tentatrice, avec tous les raffinements du ruffian
mystérieux et consommé, il nous a proposé ce
qu'on propose ici, en dehors des musées, des gon-
doles et des églises.

Ce précoce messager des nymphes ne nous a
quittés qu'à la porte de l'hôtel, insistant avec
énergie et nous faisant, dans le langage du Dante,
des descriptions à la Casanova, dont il avait l'air
d'être le disciple. En un mot, il parlait en con-
naisseur, et ça a dix ans !

On répond à cela que les Italiens sont artistes,
qu'ils aiment les belles choses ; que dès le berceau
leur esprit s'ouvre aux sensations élevées, aux
belles-lettres, à la peinture, à la sculpture, à la
musique ; que le bas peuple y est le moins indifférent. Le bas peuple me fait l'effet d'être surtout
très-cynique, très-paresseux et très-intéressé. On

a dit tout cela avant moi, je le sais ; mais les pessimistes français ont tellement déblatéré contre la décadence de leurs concitoyens, que nous espérons les consoler en leur parlant de celle des voisins.

Marseille, le 23 octobre.

L'Italie est dans une crise financière qui tire les larmes des yeux de tous ceux qui les examinent de près.

Le ministre des finances s'appelle M. Sella, chacun sait ça. En le choisissant, le roi a cru bien faire. M. Sella n'avait pour titre au portefeuille en question que l'invention d'un certain timbre, qu'il fourrait un peu partout. Ce timbre a commencé par faire des merveilles; un instant les coffres du trésor ont gémi sous le poids des sacs d'or qui arrivaient de tous côtés. Peu à peu, il s'est usé, et M. Sella en a été réduit à faire des tirages considérables de billets de banque. Le billet de banque italien est d'un usage extrêmement général, mais il est en même temps fort déprécié. Un rouleau de mille francs en or représente près de onze cents francs en billets italiens. Et quels billets ! De petites coupures qui s'échelonnent depuis vingt francs jusqu'à cinquante centimes, plus malpropres les unes que les autres. On les prend avec dégoût, on les dépense avec joie, et c'est avec un tremblement de frayeur qu'on les donne en échange d'une marchandise, tant on a peur de les voir refusées par le marchand. Les jours de fête sont ceux où l'on vous rend de la monnaie en gros sous, et nous avons eu parfois la chance de plier sous le faix de six francs en billon.

C'est évidemment à la rareté du numéraire qu'on doit l'extinction du brigandage en Italie. Les voleurs de grands chemins sont dégoûtés de leur métier, parce que la main-d'œuvre est trop sale.

Non-seulement la banque royale, mais encore toutes les grandes banques des villes italiennes émettent du papier, et toutes les émissions ont le cours forcé, ce qui permet au voyageur de passer une assez aimable soirée à examiner les billets qu'il a dans sa poche. Il y en a de toutes les formes, de toutes les tailles et de toutes les couleurs. Il faut trois portefeuilles pour contenir cent francs en menue monnaie.

L'argent blanc est absolument inconnu. La

moindre pièce de 50 centimes, aperçue dans les mains d'un voyageur, éveille les convoitises d'un peuple tout entier. C'est à qui aura la pièce, pour la faire enchâsser dans un or précieux.

Tandis que le billet de banque français retrouve sa valeur à peu près partout, la banknote italienne, hors d'Italie, perd plus de 10 pour cent de sa valeur, et les changeurs font la grimace quand on leur en donne une trop grande quantité.

Je vous écris tout cela en quittant Gênes, qui est, en ce moment, en proie à une fièvre musicale qui ne contribuait pas peu à troubler mon repos. Les nuits se passaient en sérénades, qui se donnaient sous ma fenêtre, et que je n'avais pas le droit de prendre pour moi. J'ai eu la douleur d'en profiter indirectement.

Les Génois se mettent volontiers à cinq et à six et viennent sous les balcons des habitants esquisser une manière d'orphéon. On en trouve dans toutes les rues, sous toutes les arcades. Les sergents de ville les écoutent et les regardent comme une distraction envoyée par un Dieu bienfaisant.

Adieu le ciel bleu et les beaux soleils d'or. Le mistral nous prend à Marseille et la pluie à Lyon. Il faut nous acheter des couvertures et renoncer aux paletots d'été. Cela ne sera pas difficile, car, il faut bien le reconnaître, ce sont nos paletots qui renoncent à nous. Les doublures sont en loques et les boutons, comme les cailloux du petit Poucet, ont été semés un peu sur toute la route.

Nous avions eu l'extrême bon sens, — indispensable en voyage, — de n'avoir pour tous bagages qu'une valise à main contenant un vêtement de rechange et deux chemises. L'idée était heureuse, mais tout juste; — car pour aller jusqu'au bout, il a fallu quelquefois repasser nos coutures à l'encre et dissimuler par des prodiges les légers sourires qui émaillaient nos bottines. Je vous jure que la redingote que je rapporte n'est point une des moindres curiosités de notre voyage.

FIN

TABLE

F. Aureau et Cⁱᵉ. — Imprimerie de Lagny.

www.ingramcontent.com/pod-product-compliance
Lightning Source LLC
LaVergne TN
LVHW020615180726
843502LV00002B/482